マネしてラクする 365日 フリージング離乳食＆幼児食

izumi

はじめまして、izumiです

私は小さいころ、筋金入りの(?)超偏食・超小食っ子でした。
野菜は、食べられるものを数えたほうが早いくらい。
母は、青のりやごまを勝手にかけてきたり、肝油ドロップを買ってきたり。
今思うと、栄養をとらせようと、あれこれしてくれていたんですね。
自分が母になって、日々どんどん大きくなるわが子を見て、
「この小さな体をつくっているもの＝食べたものだよね!?」と、
食事の大切さにやっと気がつきました。

1人目のとき、わが子の体をつくる食べたものを記録しておきたくて、
Instagramを始めました。
子どもが食べている姿って、飽きずに見ていられる。
ぶきっちょな手を一生懸命使って、ちっちゃなお口でモグモグ…。
おいしいときは、とびっきりの笑顔をくれることも！
でも、がんばって、栄養も見た目もこだわったのに食べてくれなくて、
イライラして夫に当たってしまったことが。夫よ、ごめん…（笑）。

2人目、3人目が生まれて変わったのは、うまく手を抜くこと。
自分がご機嫌でいることも家族の平和につながるから、無理はしない。
そして、子どもたちにおいしく、栄養満点のごはんを食べてもらいたい！
そんな思いで、毎日ごはんを作っています。

遊びごころも…ね♪

みなさんに伝えたいことを
たくさんコメント入れました！

マネする 　守ってほしいルールや、おすすめのアイデア

ラクする 　手間抜きのポイント

ゆるくてOK 　きっちり守らなくても、だいたいでOKなこと

フリージングストックは、お守りがわり。
週末に作っておけば、平日にうまく休めます。
でも週末にがんばれなかったら、
作れるだけ作って、
足りない分はベビーフードでもよし！
栄養は1週間で、なんとなくとれていればOK！
みなさんもそんなふうに、ゆるく、疲れない程度に、
この本を活用していただけたらうれしいです。

白ごはんを食べない長男、肉・魚を食べない長女、いろいろ食べない次男（笑）。
一口食べて終わり、ぐちゃぐちゃにして投げる…いろんな時期がありました。
でも、だいじょうぶ！ いつかは食べる（はず…）。
忘れたころにしれっとお皿に並べてみたら、普通に食べてたり、
にんじんがハート形になっているだけで「うゎ〜‼」と喜んだり（単純！）。
3才ごろに歯が生えそろってきたら急に食べられるものも。
もと偏食・小食の私もちゃんと大人になったから、だいじょうぶ。

この本を手にしたみなさんが、離乳食・幼児食作りを楽しめますように！
お子さんも、大人も、家族みんなが幸せでありますように！
いっしょに気長にがんばっていきましょう。

izumi

フリージングしておくといいこと

離乳食は少量だから
まとめて下ごしらえ
しておくと効率的！

少量しか食べないのに、すりつぶしたり、刻んだり、毎回やっていたら大変。まとめて下ごしらえしてフリージングすれば、調理の手間と時間をぐっと省ける。そっちのほうがラク！

毎日の献立に
悩まないから
楽しむゆとりができる♡

フリージング食材は、1回分をはかってあるので、食べさせるときは電子レンジでチン！するだけ。何を作ろう？食べさせよう？と悩まなくていいから、食器や盛りつけを楽しめる♡

大人ごはんを
同時に考えておけば
料理の負担も減る！

大人も食べることが楽しみだから、いっしょに考える（笑）。親子で同じ食材を食べればいいから、下ごしらえしたものを大人も食べたり、残りを食べたり。料理の負担も減らす！

CONTENTS

2 はじめに
6 離乳食・幼児食の進め方 モデルコース
8 下ごしらえ&調理の使える道具
10 izumi式 フリージング離乳食・幼児食のポイント
12 フリージングの調理・保存・解凍の基本
14 おかゆの炊き方・だしのとり方・とろみのつけ方
16 離乳食・幼児食でよく使う食材INDEX
18 食物アレルギーの知っておきたいこと
　 卵の進め方・小麦製品の進め方・乳製品の進め方
20 この本の使い方

5～6カ月ごろ ゴックン期 のフリージング献立

22 ゴックン期ってこんな時期

5カ月ごろ
24 1カ月進め方カレンダー
26 1週間作りおきフリージング
　 1週目／2週目
28 3週目／4週目

30 離乳食スタートの
　 つまずき解決！ADVICE

6カ月ごろ
32 1カ月献立カレンダー
34 1週間作りおきフリージング
　 1週目／2週目
36 3週目／4週目

38 izumiの3人子育て
　 ゴックン期を振り返って

7～8カ月ごろ モグモグ期 のフリージング献立

40 モグモグ期ってこんな時期

7カ月ごろ　1・2週目
42 1週間献立カレンダー
44 1週間作りおきフリージング
47 ついでに大人ごはん

7カ月ごろ　3・4週目
48 1週間献立カレンダー
50 1週間作りおきフリージング
53 ついでに大人ごはん

8カ月ごろ　1・2週目
54 1週間献立カレンダー
56 1週間作りおきフリージング
59 ついでに大人ごはん

8カ月ごろ　3・4週目
60 1週間献立カレンダー
62 1週間作りおきフリージング
65 ついでに大人ごはん

66 izumiの3人子育て
　 モグモグ期を振り返って

9～11カ月ごろ カミカミ期 のフリージング献立

68 カミカミ期ってこんな時期

9～10カ月ごろ
70 1週間献立カレンダー
74 1週間作りおきフリージング
78 主食RECIPE
　● ツナとかぼちゃとひじきの炊き込みがゆ
　● 鶏肉とにんじんとかぶの炊き込みがゆ
　● しらすおろしうどん
79 ● 卵蒸しパン
　● 豆腐蒸しパン
　● りんごヨーグルト蒸しパン

80 おかずのモトRECIPE
　● 鶏肉のクリームシチュー
　● 野菜たっぷり豆腐ハンバーグ
81 ● たらと野菜のうま煮
　● ツナと豆腐のかぼちゃお焼き

10～11カ月ごろ
82 1週間献立カレンダー
86 1週間作りおきフリージング
90 主食RECIPE
　● 鮭とアスパラの炊き込み軟飯
　● 鶏肉とさつまいもの炊き込み軟飯

　● にんじんチーズ軟飯お焼き
91 ● オートミールパンケーキ
　● 豆乳きな粉フレンチトースト
　● しらすのお好み焼き
92 おかずのモトRECIPE
　● 鶏手羽元のポトフ
　● 親子でおいしいミートソース
93 ● 野菜たっぷり麻婆豆腐
　● 赤ちゃんレバにら
　● 具いろいろ！ じゃがお焼き

94 izumiの3人子育て
　 カミカミ期を振り返って

1才～1才6カ月ごろ パクパク期 のフリージング献立&親子ごはん

- 96 パクパク期ってこんな時期
- 98 作りおきフリージングのコツ

献立パターン1
手づかみ主食+時短サブ

- 100 手づかみ主食・ごはん
  - 卵ごはんお焼き
  - オクラと大根のすまし汁
- 101 しらすと青菜のごはんお焼き
  - ごはんピザ
  - 鮭のごはんお焼き
- 102 手づかみ主食・パン
  - バナナオートミールパン
  - かぼちゃロールサンド
  - にんじんチーズ蒸しパン
- 103 時短サブ
  - さつまいものレモン煮

- 簡単コーンスープ
- ヨーグルトサラダ

献立パターン2
オールインワンな親子ごはん

- 104 具だくさん中華丼
- 105 あんかけ焼きそば
  - 高野豆腐の親子丼
- 106 鶏ささ身のトマト豆乳クリームパスタ
  - 野菜たっぷりドライカレー
- 107 白身魚のピラフ
  - 鮭とほうれんそうのクリームうどん

献立パターン3
作りおき主菜+とり分け副菜

- 108 主菜 ミニハンバーグ
  - 副菜 トマトと白菜のスープ

- 109 主菜 かじきの照り煮
  - 副菜 ほうれんそうとにんじんのごまあえ
  - 主菜 キャベツシューマイ
  - 副菜 オクラとわかめの中華スープ
- 110 主菜 鮭のポテトガレット
  - 副菜 トマトときゅうりのチーズサラダ
  - 主菜 ライスコロッケ
  - 副菜 鶏だんご汁
- 111 主菜 スパニッシュオムレツ
  - 副菜 日がわりポタージュ
  - 主菜 かぼちゃとさばの豆腐お焼き
  - 副菜 野菜スープ

- 112 izumiの3人子育て
  パクパク期を振り返って

1才（離乳完了）～5才 幼児期 のフリージング献立&親子ごはん

- 114 幼児期ってこんな時期

1 作りおき&フリージング

- 116 冷蔵ストック
- 117 素材フリージング
  常温ストック
- 118 米粉のホワイトソース
  - さつまいもとほうれんそうのグラタン
  - 鮭とほうれんそうのシチューごはん
  - トマトクリームパスタ
- 119 下ごしらえ冷凍
  - タンドリーチキン
  - 塩麹チキン
  - たことアボカドのマリネ

2 パパッと完成 お急ぎメニュー

- 120 天津飯
  - 卵チャーハン&餃子スープ
- 121 ワンポットミルクリゾット
  - 納豆ごはん・納豆パスタ
- 122 えびピラフ風
  - ツナトマトそうめん
- 123 お試しそば&うどん
  - 塩だれあったか豚そうめん
  - お子さま塩ラーメン

3 気力0でも作れる省エネごはん

- 124 さば缶と塩昆布の炊き込みごはん
  - 炊飯器ケチャップライス
- 125 鍋いっぱいおでん
  - 豚肉とさっと煮野菜のだし鍋
  - あっさり仕上げのすき焼き鍋

4 野菜嫌い克服 ベジレシピ

- 126 ピロピロにんじんの卵スープ
  - 包まないワンタンスープ
- 127 かぼちゃサラダ
  - にんじんサラダ
  - 油揚げと大豆と切り干し大根の煮物
- 128 切り干し大根のごまマヨあえ
  - ほうれんそうのしらすあえ
  - ほうれんそうとちくわのごまあえ
  - 大根ときゅうりのツナマヨあえ
- 129 ピーマンとちくわと大豆の甘辛いため
  - ちゅるちゅるチャプチェ

5 完食必至 お魚メニュー

- 130 たらの竜田揚げ
  - 鮭フライwithタルタルソース
- 131 白身魚のアクアパッツァ
  - ぶりの照り焼き
  - かじきの野菜甘酢あん

6 白ごはんお残し対策レシピ

- 132 鮭にんじんそぼろ
  - 豚ピーそぼろ
  - 納豆ねばねば丼
  - チーズごはん&栄養満点みそ汁
- 133 絵本に出てくるおにぎり
  - しらす小松菜おにぎり
  - ブロッコリーチーズおにぎり
  - いろいろおにぎりランチ

7 朝ごはんに活躍 パンレシピ

- 134 ブロッコリーとウインナの
  キッシュ風トースト

- お豆腐の米粉パンケーキ
- 135 甘めの卵焼きサンド
  - パンプディング
  - にんじんフレンチトースト

8 親子でワイワイ 休日ランチ

- 136 ハンバーガーくん
  - お好みチーズフォンデュ
- 137 お好みトッピングピザ
  - お好み焼きプレート
  - たこ焼き&ちくわ焼き

9 安心&栄養もプラス 手作りおやつ

- 138 お子さまビール
  - チーズいももち
  - おいもヨーグルト
- 139 お豆腐ドーナツ
  - お豆腐白玉
  - フルーツ白玉ポンチ

10 季節を味わう イベントごはん

- 140 鬼オムライスプレート
  - ひしもち風ちらしずし献立
- 141 こどもの日プレート
  - 七夕そうめん
  - お祝いの日プレート
- 142 ハロウィーンシチュープレート
  - ハロウィーングラタンプレート
- 143 クリスマスプレート
  - サンタ&トナカイクレープ
  - リースパンケーキ

> CHECK

離乳食をスタートできる？

- ☐ 生後5〜6カ月になった
- ☐ 首がしっかりすわっている
- ☐ 寝返りができる
- ☐ 支えればすわれる
- ☐ 少しの間、おすわりができる（5秒くらい）
- ☐ 大人が食べているのを見ると食べたそうなそぶりをする
- ☐ スプーンを押し出すことが少なくなる

発達の様子に不安があるときは、小児科や子育て支援センターなどで相談してみましょう。

START! 5カ月

いよいよ初日！ はりきって10倍がゆを作ったのに、口に入れると、「うむ」と考えて変な顔。べぇ〜と出す！ こんなもの？ と不安に。

2週目で、トータル小さじ4をやっと食べられた。にんじんよりかぼちゃが好き。すでに好みが!?

せっかく慣れてきたのに、親子そろってかぜ。おひざ抱っこでなんとか完食。Tシャツがおかゆまみれ（涙）。

\ 山あり谷あり、いろいろあります /

離乳食・幼児食の進め方 モデルコース

目安どおりに進む子はほぼいない、離乳食・幼児食。
モデルコースは一例です。
順調だったり、つまずいたり、いろいろあるけど、
みんな、ちゃーんと成長していきます。

6カ月

おかゆ、野菜、豆腐、魚。1カ月でいろいろ挑戦した。「青のりおろし豆腐」とか、「鮭の白あえ」とか、メニュー名をつけると、一丁前感がかわいい♡

mogu mogu

> CHECK

モグモグ期にステップアップできる？

- ☐ 水分を減らしたベタベタ状の離乳食を、口をモゴモゴ動かして食べている
- ☐ 主食とおかずを合わせて1回に子ども茶わん半分以上を食べる
- ☐ 1日1回の離乳食を喜んで食べている

kami kami

7カ月

7倍がゆはまだ、すりつぶさないと飲み込みにくいみたい。めんどうだけど…。2回食を思いのほかよく食べるので、冷凍ストックが助かる!!

8カ月

白いおかゆだと進まないよぉ〜。何かのっけたり、まぜたり。うまみをプラスしたいから、かつおだしも使ってみることにした。

> CHECK

カミカミ期にステップアップできる？

- ☐ 豆腐くらいのやわらかなかたまりを、口を動かして食べている
- ☐ 主食とおかずを合わせて1回に子ども茶わん軽く1杯くらいを食べる
- ☐ バナナの薄切りを食べさせると歯ぐきでつぶせる

MODEL COURSE

CHECK / パクパク期にステップアップできる?
- ☐ 朝・昼・夕の3食を しっかり食べている
- ☐ 自分で手づかみして 食べている
- ☐ 肉だんごくらいの かたさのものを 歯ぐきでつぶして食べられる

paku paku

1才

HAPPY BIRTHDAY♪

しょうゆ、砂糖など、少しずつ調味料も使ってみる。薄味でとり分けられるようになって、ちょっとラク!

1才3ヵ月
自分でスプーンで食べたがって怒るから、やりたいようにさせてあげる。ぐちゃぐちゃになるけど。仏の心、仏の心…。

11ヵ月
おだやかで機嫌よく食べるときはいいけど、眠くてグズグズで怪獣になることもある。ごはん投げるわ、たたくわ。疲れるなぁ。

STEP UP!

CHECK / 幼児食にステップアップできる?
- ☐ 3回の食事をきちんと食べ、必要な栄養の大部分を食事からとっている
- ☐ 前歯で食べ物をかみ切って、歯ぐきでかんで食べられる
- ☐ コップで牛乳やミルクを飲めればパーフェクト!

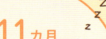

10ヵ月
手づかみ食べは、楽しそう♪でも飽きると、たたきつぶしてテーブルに塗りたくるという悪魔の遊び。ひーっ、勘弁して!

2才
イヤイヤ期真っ盛りで食ベムラが。好きなキャラがいると喜んで座ってくれたりするから、お皿やカトラリーを変えたり、見た目の工夫も大事だなぁ。

3才
奥歯が生えそろって、鶏のから揚げも問題なく食べてる! たこ、枝豆など、かたいものだけ要注意。スプーン、フォークが上手になった♡

4才
大人とほぼ同じものを食べる!でも濃い味にならないように気をつけないと…。子どもは1/2以下の濃さね!

9ヵ月
重い腰を上げて、いよいよ3回食に。おかゆのストックも大量だ…!

5才
お手伝いブーム到来!キッチンに立つのが楽しそう♡ 小学校に入るまでにお箸の練習もしておこう。

IZUMI'S METHOD

\ ラクする心強い味方！/

下ごしらえ＆調理の使える道具

離乳食の道具はいろいろ試した結果、定番で使いやすいものが手元に残りました。
この本でもよく登場する道具をご紹介！使い方や、選ぶときのポイントもチェックして。

小さじ
ゴックン期の計量に大活躍

ゴックン期は、食べる量を小さじ1（5ml）ずつふやしていくのが基本。下ごしらえした食材をフリージング容器に入れるときに、小さじが欠かせません。

スケール
見やすいデジタル式が便利

食材の重さを正確にはかるために、スケールは持っていたい道具。頻繁に使うので、キッチンに定位置を決めて、さっととり出せるようにするのがおすすめ！

計量カップ
耐熱＆大きめサイズを推奨！

計量と、調理にも役立つアイテム。耐熱製で250ml以上の大きめサイズだと、しらす干しの塩抜きや、食材の電子レンジ加熱などにも使いやすいです。

すり鉢＆すりこ木
すりこ木は太めだとラク

おかゆ、野菜、豆腐、白身魚などの食材をすりつぶすのに短期間ですが1セットは必須。100円均一のものでOKですが、すりこ木は太めのほうが、すりつぶしがラク。

茶こし
柄がしっかりしているものを

ゴックン期の裏ごし用に。かなり力を入れることがあり、柄がしっかり握れるものが◎。目詰まりしやすいので、目がこまかすぎないものを選んで。

みそこし
しらすや卵黄などの裏ごしに

茶こしよりも少し大きい、ミニサイズのみそこしは、目があらくて深さがあるので使いやすいです。しらす干しや卵黄などは、こちらがおすすめ。とり分けのちょいゆでにも便利。

ブレンダー
ペーストにするのが断然ラク

機械の力で、おかゆやゆで野菜をあっという間にペースト状に。茶こしやすり鉢より、力いらずで断然ラク！幼児食になってもポタージュなどに使えます。

みじん切りチョッパー
モグモグ期から導入を考えて

包丁でみじん切りにするのは大変なので、みじん切りチョッパーはあると便利。300円程度のものでも十分！野菜や肉、薄焼き卵などもこまかく刻めます。

マッシャー
真上からつぶせる金属製を

かぼちゃやいも類のつぶす量がふえたら、すり鉢＆すりこ木よりもマッシャーがラク。真上からギュッと押しつぶせて、力を入れやすいのは金属製です。

キッチンばさみ
小さい器や網の中でもOK

みそこしや耐熱容器の中でも、うどんや繊維の多い肉、野菜などをこまかく刻めます。キャラ弁用のミニサイズのはさみも便利！

もんじゃヘラ
ミニサイズで小回りがきく

100円均一で3本セットなどで購入できる「もんじゃヘラ」は、ミニサイズでお焼きなどを返すときに便利。1本で押さえて1本で返す、二刀流もやりやすい♪

ジャムスプーン
細くて少量をまぜやすい

少ない材料をつぶす、いためるなどの作業には、シリコン製の先の細いジャムスプーンが活躍。ブレンダーやチョッパーの刃、容器についた食材を残さずすくえます。

小鍋
直径16cm前後をチョイス

少量のおかゆを炊いたり、野菜をゆでたり、さっと使える小鍋はなにかと活躍。大人のみそ汁にもちょうどいい、直径16cm前後のふたつき小鍋があると便利。

小フライパン
卵焼き器でもだいじょうぶ

カミカミ期以降、お焼きやパンケーキ、いため煮などに小さめのフライパンを使う機会がふえます。なければ卵焼き器や、大きいフライパンで代用もOK。

おすすめの食器

ゆるくてOK　かわいい食器は大人にとっても癒やし♡

フリージング食材は電子レンジで加熱するため、耐熱の容器を選ぶのが基本。
長く使うなら、陶器は色移りせず、傷つきにくい＝衛生的！ 少しずつ買い足すのも楽しみ。

1食分が少ないころ
ゴックン期〜モグモグ期は、少量なので、豆皿がぴったりです。40gくらいまではこれでOK。色や形の違う器をいくつかそろえても。大きくなったらデザートや薬味入れに！

おかゆの量がふえたら
おかゆが50gを超えるころから、お茶わんくらいのサイズの器が必要に。動物の器は、顔を描いたりして、かわいく盛りつけられる！

めん類や手づかみもOK
パクパク期〜幼児食になって量がふえると、直径13〜15cmくらいの少し深めの器も必要に。手づかみ用には、割れにくい樹脂製も活躍。

IZUMI'S METHOD

＼ izumi式 マネして ラク する ／
フリージング離乳食・幼児食のポイント

子どもが成長するにつれて、使える食材、食べる量や形状はどんどん変わっていくので、
フリージングも時期ごとにいちばんラクなやり方で！　無理せず、おいしく作りましょう。

1 時期別に最適なやり方を提案します！

- 5〜6カ月ごろ **ゴックン期**
- 7〜8カ月ごろ **モグモグ期**
- 9〜11カ月ごろ **カミカミ期**

＝
1週間作りおき フリージング

- 1才〜1才6カ月ごろ **パクパク期**
- 1才（離乳完了）〜5才 **幼児期**

＝
余裕のあるときに フリージング

週末にまとめて全部でも、週の途中で追加してもOK

週末に1週間分をフリージングしておけば、平日はいっさい調理なし！　ただ、モグモグ期以降は回数や量がふえて、週末に全部をするのはしんどいことも。そんなときは、下ごしらえを週の途中に分散したり、ベビーフードを使ったりしてもだいじょうぶ。各期のラクするアドバイスを参考にしてみてください。

食事作りのついでにちょこちょこ下ごしらえ

1才以降は、親子でいっしょに食べられるものがふえて、子ども専用のフリージングは減っていきます。軟飯や多めに作ったおかず、ゆで野菜や野菜MIXなど、フリージングしておくと助かるものを、毎日の食事作りのついでにちょこちょこと下ごしらえするのがおすすめ。

マネして作るだけで栄養たっぷり！ 2

3つの栄養源 がそろう献立になっています

エネルギー源食品
（力や体温になるもの）

おかゆなどの主食

＋

ビタミン・ミネラル源食品
（体の調子をよくするもの）

野菜・果物など

＋

たんぱく質源食品
（血や肉になるもの）

肉・魚・豆腐・卵など

＝

組み合わせて献立に！

健やかな成長のためには、3つの栄養源をバランスよくとることが大事。この本は、発達に合わせて新しい食材に挑戦しながら、毎日の献立で3つの栄養源をしっかりとれるように考えてあります。

どうせなら大人も同じ食材でごはん作り 3

野菜を多めにゆでる

離乳食のブロッコリーやほうれんそうなどをゆでるときは、大人分もいっしょに！ 大人分は早めにとり出すと、歯ごたえを残せます。サラダやおひたし、スープに使えて便利です。

いっしょにスープを作る

いろいろな野菜を煮るときは、大人は残りをスープにしたり、肉や魚を足してポトフやシチューにアレンジするとラク！ 週末フリージングをした日は、大人もガッツリ食べて♪

残った食材を活用

1パック2切れで買ったのに、1/2切れしか使わない魚などは、大人が食べ切り！ 照り焼き、バターソテー、パン粉焼き、トマト煮、キムチ煮など、大人の味つけを楽しみましょう。

IZUMI'S METHOD

＼ おいしく、安全に作って使い切る ／

フリージングの調理・保存・解凍の基本

免疫力の弱い赤ちゃんのためのフリージングは、細菌が繁殖しないように、大人以上に配慮が必要です。下ごしらえと、食べさせるとき、どちらもよく加熱します。

フリージング6つのルール

1 新鮮な食材を調理する

おいしい食事は、新鮮な食材選びから！ なるべく鮮度・栄養価ともに高い、買ったその日や次の日に調理できると◎。ネットスーパーなども上手に活用してみてください。

2 しっかり加熱して食べやすい形状にする

フリージングする食材は、すぐ食べられるように、すべて食べやすい形状に調理しておきます。根菜も指で軽くつぶせるくらい、やわらかく煮るのが基本！

3 清潔な容器に1回分ずつ小分けする

調理器具や容器は洗剤で洗って清潔にし、よく使うものは熱湯消毒すると安心。食べるときに計量しなくていいよう、1回分をはかってフリージング容器に入れます。

4 余ったスペースに予備を冷凍しておく

食材の下ごしらえは、少し多めに作っておくほうが安心。赤ちゃんがこぼしてしまうなどのハプニングもあるので、フリージング容器の余ったスペースに入れておきましょう。

5 よく冷ましてからふたをする

食材から湯げが出ていると、ふたの内側に水滴がついて、細菌が繁殖しやすくなってしまいます。凍ると霜になり、味が落ちる原因にも。よく冷ましてからふたをして、冷凍室へ。

6 1週間で使い切る

凍った食材は、仕切りつき保存容器や、シリコン保存バッグなどに移すと、とり出すのがラク。赤ちゃんに食べさせるのは、1週間以内がお約束！ 日付を書いて管理しても。

フリージングの保存容器選び

トレータイプのフリージング容器

15ml×12　25ml×8　50ml×6

やわらかいトレーは、製氷皿より食材をスルッと出せるので、ストレスフリー！この本では、容量の違う3種類を使い分けています。すべて重ねて保存でき、場所をとりません。

密閉タイプのフリージング容器

100ml　140〜180ml

モグモグ期におかゆが50gを超えるとトレーには入らないので、容量100ml前後のタイプが活躍。

カミカミ期に炊き込みがゆを作るようになると、具も含めて容量140〜180mlが入れやすいです。

仕切りつき保存容器

130ml×4

マネする　重ねられる容器が◎

薄型の仕切りつき密閉容器は、凍った食材や、ゆでたパスタを入れるのにお役立ち。

フリーザーバッグ

カミカミ期以降、食材を小分けせず、まとめて入れて好きな量をとり出したい場合に。

シリコン保存バッグ

底にマチのあるシリコン保存バッグは、お焼きなどのフリージングを入れておくのに便利。

電子レンジ解凍の基本

凍ったまま容器へ

フリージング食材は、常温で解凍せずに、凍ったまま電子レンジで加熱するのがおいしさを損なわないコツ。1回に食べる分を耐熱容器へ。

↓

マネする　シリコンラップがおすすめ！

ラップをかけてチン！

水分がとばないようにラップをかけ、電子レンジで全体が熱々になるまで加熱します。ラップはくり返し使える、シリコン製がエコ。普通のラップの場合は"ふんわり"かけて。

↓

よくまぜる

加熱ムラがないようよくまぜ、冷たい部分があれば再加熱を。水分が足りなければ湯冷ましでのばすなど、調整してあげましょう。

IZUMI'S METHOD

おかゆの炊き方
好みのやり方でOK

米の10倍の水で炊く「10倍がゆ」から始めて、7倍がゆ、5倍がゆ、軟飯（3～2倍）と水分を減らしていきます。この本では炊飯器で炊いていますが、好みで鍋や電子レンジで炊いてもOKです。

※炊飯器は、取り扱い説明書をよく読み、機種に合わせた安全な使い方をしてください。

炊飯器で

少量なら大人の米と炊く

米小さじ2（10ml）と水100mlの10倍がゆは、耐熱カップで大人のごはんと同時に炊くのがラク。とり出し、ラップをかけて冷ましましょう。
★ごはんは、5合炊きの炊飯器で3合までにしてください。入れすぎると、ふきこぼれることがあり危険です。

量がふえたら「おかゆモード」で炊く

米小さじ4（20ml）と水200mlからは、炊飯器で直接炊くことができます。じっくり炊くので、ふっくらやわらか。
必ず「おかゆモード」で炊きましょう。

鍋で

ごはんと水を入れて煮立て、弱火で炊く

10倍がゆなら、鍋にごはんと9倍の水（ここではごはん40gと水360ml）を入れてほぐし、強火にかけ、煮立たせます。煮立ったら弱火にし、ふたをズラしてのせ、15分ほど炊きます。

ふたをしたまま蒸らす

火を止め、ふたをして10分以上蒸らします。

電子レンジで

ごはんと水をほぐしまぜる

10倍がゆなら、深めの耐熱容器にごはんと5倍の水（ここではごはん40gと水200ml）を入れ、スプーンでほぐしまぜます。

ラップをかけてチン！熱々にして蒸らす

ラップをかけ、電子レンジ（600W）で3分加熱し、とり出してまぜ、さらに1～2分加熱。ラップをかけたまま蒸らし、あら熱がとれるまでおきます。ふきこぼれやすいので、2～3回に分けて加熱を。

ゴックン期は以下の方法でおかゆをペースト状に

すり鉢ですりつぶす

やわらかくなった米粒をすくってすり鉢に入れ、すりこ木でつぶし、おもゆをまぜてとろとろ状になるようにかたさを調節します。

裏ごしする

網目を通すことで、粒が残りにくいです。ごく初期におすすめ。網の裏側にくっつくので、スプーンでこそげとりましょう。

ラクする
早くてラク♪均一にとろとろに！

ブレンダーにかける

すりつぶしや裏ごしは手間がかかるので、あればブレンダーがラク！とろみ具合を確認しながら水分量をかげんしてください。

うまみをプラスする だしのとり方

味つけを調味料に頼れない離乳食では、だしのうまみが食欲アップのカギに。
ゴックン期は昆布だし、モグモグ期からはかつおだしも活用しましょう。

昆布だしをとる

細切りにして水にひたしておく

水500～600mlに、昆布小さめ1枚が目安。細切りにして水にひたしておくと、うまみが出やすくなります。

野菜を入れて煮る

大根、にんじん、玉ねぎなどの根菜を入れて水から煮立て、弱火で煮てやわらかくなったら、キャベツなどの葉野菜もやわらかく煮ます。

かつおだしをとる

食塩無添加のだしパックを使う

離乳食には、食塩・化学調味料無添加のだしパックをチョイス。1袋と水500mlなど、商品の表示を目安に鍋に入れ、火にかけて3～5分煮出します。

少量なら計量カップで即席だし

かつおぶし1袋（2g）に湯50mlを注ぎ、5～10分おきます。

茶こしでこして、完成！ 少量のだしなら、これがラク。

マネする
うまみでよく食べてくれる！

だし・スープも小分けフリージングしておこう！

だしやスープも冷凍しておくと、食材の解凍時にプラスしたり、水分として献立に添えたりできます。ぜひ活用して！

飲み込みやすくする とろみのつけ方

汁と具が分離していると、赤ちゃんはうまく飲み込めないことも。
そんなとき、食べやすくする魔法が"とろみ"です！ 振り入れるタイプがラク。

とろみづけ便利アイテム

水どきかたくり粉のように水でとかなくても、振り入れてまぜればとろみがつく「顆粒かたくり粉」。離乳食のとろみづけにとても便利！

鍋に直接入れる

煮込んだ鍋が熱いうちに、「顆粒かたくり粉」を振り入れ、まぜるだけ。とろみ具合を見ながら、少しずつ振り入れます。

チンしたあとに入れる

フリージング食材を加熱したあと、熱いうちに振り入れてまぜます。とろみ具合が足りなければ、再加熱してまぜてみて。

初めて食べた日の記入欄つき

IZUMI'S METHOD

この本の献立に登場する日がわかる！

離乳食・幼児食でよく使う食材INDEX

新しい食材をいつから食べさせたらいいのか、迷ったらここで確認を。
この本の献立で初登場するページ数を、記号の下に示しています。

●▲×で食べていい時期をチェック！

- ● 時期に合ったかたさ・形状に調理し、適量を与える
- ▲ ほかの食材に慣れてからがよいので、無理しない
- × かたい、繊維や脂肪が多いなどの理由で不向き

分類	食品名	初めて食べた日	ゴックン期	モグモグ期	カミカミ期	パクパク期	幼児期
エネルギー源食品							
米	米	/	● p.24	●	●	●	●
めん	うどん	/	▲	● p.42	●	●	●
	そうめん	/	×	●	●	●	● p.122
	早ゆでショートパスタ	/	×	▲	● p.82	●	●
	スパゲッティ	/	×	×	▲	●	● p.121
	中華めん	/	×	×	×	● p.105	●
	そば	/	×	×	×	▲	● p.123
パン・シリアル	食パン	/	▲	● p.48	●	●	●
	米粉蒸しパン	/	▲	●	● p.71	●	●
	コーンフレーク	/	×	●	● p.70	●	●
	オートミール	/	×	● p.61	●	●	●
ビタミン・ミネラル源食品							
野菜	にんじん	/	● p.25	●	●	●	●
	かぼちゃ	/	● p.24	●	●	●	●
	トマト	/	● p.24	●	●	●	●
	ほうれんそう	/	● p.25	●	●	●	●
	小松菜	/	●	● p.42	●	●	●
	ブロッコリー	/	● p.32	●	●	●	●
	キャベツ	/	● p.24	●	●	●	●
	白菜	/	●	● p.48	●	●	●

分類	食品名	初めて食べた日	ゴックン期	モグモグ期	カミカミ期	パクパク期	幼児期
野菜	チンゲンサイ	/	●	●	● p.72	●	●
	玉ねぎ	/	● p.32	●	●	●	●
	ねぎ	/	▲	●	●	●	● p.120
	大根	/	● p.25	●	●	●	●
	かぶ	/	●	● p.54	●	●	●
	なす	/	●	● p.60	●	●	●
	きゅうり	/	● p.32	●	●	●	●
	ズッキーニ	/	●	●	● p.84	●	●
	オクラ	/	▲	● p.54	●	●	●
	パプリカ	/	▲	● p.60	●	●	●
	ピーマン	/	▲	●	● p.80	●	●
	いんげん	/	▲	● p.48（野菜MIX）	●	●	●
	アスパラガス	/	▲	▲	● p.82（炊き込み軟飯）	●	●
	とうもろこし（フレーク）	/	●	● p.49	●	●	●
	レタス	/	▲	●	●	●	● p.136
	もやし	/	▲	▲	●	● p.105	●
	にら	/	×	▲	●	●	● p.126
	枝豆	/	×	×	×	▲	● p.140
	ミックスベジタブル	/	×	×	×	▲	● p.121
いも	じゃがいも	/	● p.32	●	●	●	●
	さつまいも	/	● p.33	●	●	●	●
	長いも	/	×	●	●	●	● p.137

ゴックン期 = 5〜6カ月　　モグモグ期 = 7〜8カ月ごろ　　カミカミ期 = 9〜11カ月ごろ

パクパク期 = 1才〜1才6カ月ごろ　　幼児期 = 1才6カ月〜5才ごろ

分類	食品名	初めて食べた日	ゴックン期	モグモグ期	カミカミ期	パクパク期	幼児期
きのこ	しいたけ		×	×	△	●	●
	えのきだけ		×	×	△	●(p.109)	●
	しめじ		×	×	△	●(p.104)	●
海藻	青のり（粉末）		●(p.32)	●	●	●	●
	焼きのり		×	△	△	△	●(p.121)
	ひじき		△	△	●(p.70 炊き込みがゆ)	●	●
	わかめ		×	△	△	△	●(p.109)
果物	りんご、みかん、いちご、ぶどうなど		●(p.33)	●	●	●	●
	バナナ		●(p.32)	●	●	●	●
	キウイ		●	●	●(p.84)	●	●
	アボカド		×	△	△	●	●(p.119)

たんぱく質源食品

分類	食品名	初めて食べた日	ゴックン期	モグモグ期	カミカミ期	パクパク期	幼児期
大豆製品・乾物	豆腐		●(p.25)	●	●	⊖	●
	きな粉		●	●(p.42)	●	●	●
	納豆		×	●(p.48)	●	●	●
	大豆水煮		×	×	●	●	●(p.127)
	厚揚げ		×	×	×	△	●(p.140)
	油揚げ		×	×	×	●	●(p.127)
	高野豆腐		×	△	●	●(p.105)	●
	麩		△	●	●	●	●
卵・乳製品	卵黄		●(p.32)	●	●	●	●
	卵白・全卵		×	△	●(p.42)	●	●
	半熟卵		×	×	×	●	●
	牛乳（調理用）		×	△	●(p.71 卵蒸しパン)	●	●
	プレーンヨーグルト		△	●(p.42)	●	●	●
	プロセスチーズ		×	△	●	●	●(p.110)
	粉チーズ		×	△	●(p.72)	●	●

分類	食品名	初めて食べた日	ゴックン期	モグモグ期	カミカミ期	パクパク期	幼児期
魚介	鯛		●(p.24)	●	●	●	●
	ひらめ・かれい		●	●	●	●	●
	真たら		△	●(p.54)	●	●	●
	生鮭		×	●(p.43)	●	●	●
	まぐろ		×	●(p.48)	●	●	●
	かつお		×	●	●	●	●
	かじき		×	●	●	●(p.109)	●
	あじ		×	×	●(p.71)	●	●
	いわし		×	×	●	●	●
	さんま		×	×	●	●	●
	ぶり		×	×	△	●	●(p.131)
	さば		×	×	△	●	●
	あさり		×	×	●	●	●(p.131)
	えび		×	×	△	△	●(p.122)
	たこ		×	×	×	△	●(p.119)
魚介加工品	しらす干し		●(p.24)	●	●	●	●
	かつお節（だし）		△	●(p.54)	●	●	●
	ツナ水煮缶		×	●(p.60)	●	●	●
	さば水煮缶		×	×	△	●(p.111)	●
	ちくわ		×	×	△	●	●(p.129)
	かに風味かまぼこ		×	×	△	△	●(p.120)
肉	鶏ささ身		×	●(p.55)	●	●	●
	鶏肉（胸・もも・ひき肉）		×	△	●(p.70)	●	●
	牛肉（赤身・赤身ひき肉）		×	×	●(p.72)	●	●
	豚肉（赤身・赤身ひき肉）		×	×	●(p.83)	●	●
	合いびき肉		×	×	△	●	●(p.136)
	レバー		×	×	●(p.82)	●	●
	加工肉（ハム・ソーセージ）		×	×	×	△	●(p.121)

IZUMI'S METHOD

＼ こわがらずに少量から試していこう！ ／

食物アレルギーの知っておきたいこと

消化機能の未熟な0〜1才代の赤ちゃんに多い、食物アレルギー。
この本では、初めての食品は少量から始めて、少しずつ慣れるように献立を考えています。

監修／あいち小児保健医療総合センター　センター長　免疫・アレルギーセンター長　伊藤浩明

早めに微量から食べ始めたほうが予防につながる

どの食品も、食べないでいるより、**早めに微量をおなかに入れることが、食物アレルギーの予防につながります。**卵など特定の食べ物を与えないでいると、かえって体が異物と認識してしまうため、勝手に除去するのは逆効果。心配しすぎずに、目安の時期に始めましょう。

初めての食品（原材料）は1回に1種類・ごく少量を受診のできる時間帯に

大切なのは、心配な原材料（卵、小麦など）を含む食品を初めて食べるときは1回に1種類にして、**いきなりたくさん食べさせないこと**です。食物アレルギーの典型的な症状は、食べてから15分以内に見られる、皮膚の赤みやかゆみ、嘔吐、下痢など。ごく少量なら、これらの症状が軽い程度で気づくことができます。

初日から間隔をあけずに量を少しずつふやして慣れさせてOK

初日にごく少量を与えたら、できればそのまま**間隔をあけずに、食べる量を毎日少しずつふやしましょう。**たとえば卵の場合も、週3回以上を目安に食べさせてみて、卵黄・卵白それぞれ2g以上食べられれば、お試し期間は終了！

湿疹のある子や、家族にアレルギーがある場合はリスクが高い

①湿疹がある（アレルゲンが体に侵入しやすい）、②家族にアトピー性皮膚炎や食物アレルギーがある、③秋冬生まれ。この3つがそろう子（全体の5％くらい）は、食物アレルギーの発症リスクが高くなります。逆にそうでなければ、気にしすぎる必要はありません。

この本では、以下の食品（原材料）の初出ページに NEW マークを入れています

受診のできる平日（月曜〜金曜）の1回目の献立に登場します

ゴックン期	モグモグ期 / カミカミ期	パクパク期 / 幼児期
すべての食品	**発症例のほとんどない野菜・果物を除く食品**	**1才以降に特に気をつけたい食品**
どの食品も、初めて食べるゴックン期。食物アレルギー以外でも、味や食感が苦手で嫌がることもあるので、初登場のすべての食品にNEWマークを入れました。参考にしてください。	モグモグ期以降は、バナナ、キウイ以外の赤ちゃんに発症例のほとんどない野菜と果物は除いて、NEWマークを入れました。乳児に発症例の多い卵・乳製品・小麦製品はとくに注意して与えてください。	1才以降も、初めての食べ物で食物アレルギーを発症することがあります。この本では、**ごま、そば、えび、いくら**にNEWマークを入れています。ほかにも、**くるみやナッツ、落花生、たらこ**（焼いて与える）などは少量から試すのが安心です。

乳児期に発症の多い3大アレルゲンの進め方

卵の進め方

STEP1　[5〜6カ月ごろ] かたゆで卵黄を試す

かたゆで卵を作る
卵は加熱によってアレルゲン性が低下するため、沸騰した湯で10分以上しっかりゆでます。

卵黄をすくう
卵黄の中央をすくうと、卵白の混入を避けられます。または卵黄の外側をすくうと、微量の卵白を体に入れて慣らすことができ、そのほうが卵白アレルギーの予防につながります。

裏ごしする
みそこしに入れると、裏ごししながらこまかくほぐせます。

フリージングOK
フリージング容器にラップを敷いて、少量ずつ分け入れて冷凍しておくのがおすすめ。

| ① 耳かき1 | ② 小さじ1/4 | ③ 小さじ1/2 | ④ 小さじ1 | ⑤ 小さじ1.5 | ⑥ 小さじ2（5g程度） | → お試し終了 |

おかゆなどにまぜてあげましょう。献立カレンダーはp.32。

STEP2　[7〜8カ月ごろ] よく加熱した卵白（全卵）を試す

※全卵小さじ1/4に含まれる卵白は約0.4gです。

薄焼き卵を作る
卵黄を食べられたら、卵白は全卵で試せばOK。卵焼き器にとき卵を流し、両面をよく焼いて火を通します。

みじん切りにする
みじん切りチョッパーや包丁で、食べやすくみじん切りに。卵黄と同様に冷凍保存できます。

| ① 小さじ1/4 | ② 小さじ1/2 | ③ 小さじ1 | ④ 小さじ2（卵白3g程度） | → お試し終了 |

おかゆなどにまぜてあげましょう。献立カレンダーはp.42。

小麦製品の進め方

[6〜7カ月ごろ] うどんから

おかゆに少量をまぜる
うどんをくたくたに煮て、少量をおかゆにまぜてあげると食べやすいです。食パンは、卵や牛乳が含まれていることが多いので、それらを試したあとに。

乳製品の進め方

完全母乳の場合は慎重に

日ごろ育児用ミルクを飲んでいる赤ちゃんは、牛乳アレルギーになるリスクはありません。ただ、完全母乳で育てていて、育児用ミルクや乳製品を初めて（久しぶりに）与える場合は、その後の体調の変化に気をつけましょう。

IZUMI'S METHOD

この本の使い方

調味料のこと

赤ちゃんは腎臓の機能が未熟なので、大人のように塩分の排出が上手にできません。離乳食では、食べてくれるうちは調味料を使わないで、素材の甘みやうまみを活用しましょう。濃い味にはすぐ慣れてしまうので、幼児食になっても薄味をキープするのがおすすめ！

この本で使っている調味料

原材料を見て体にやさしいもの、添加物の少ないものを選んでいます。無添加の丸大豆しょうゆ、きび砂糖、糖類不使用の本みりん、塩分不使用の料理酒、国産米100％の純米酢など。めんつゆ、ポン酢しょうゆ、トマトケチャップ、顆粒コンソメ、鶏がらスープのもとなどの調味料は、幼児期以降に少量を使用しています。

調味料の与え方の目安

5〜6カ月ごろ	7カ月〜1才	1才以降
調味料はまだ使いません。昆布でとっただしはOK。	かつお節でとっただし、ごく少量の塩、しょうゆ、砂糖、みそ、酢などがOK。みりんや酒は、加熱してアルコールをとばすこと。マヨネーズは1才未満は必ず加熱。はちみつは1才を過ぎるまでは与えない。	大人の1/3〜1/2の濃さにする。

油脂のこと

調理に使う油や、肉・魚などの脂肪が多いと、赤ちゃんは消化ができずに下痢になったり、嘔吐したりすることも。揚げ物は、早くても9カ月以降にしましょう。衣が厚いフライや天ぷらは、1才以降にするのが無難です。消化酵素の分泌が大人に近づくのは、3才ごろです。

この本で使っている油

米油は酸化に強く、クセが少なく使いやすいため、調理の基本の油にしています。風味をつけたいときに、オリーブ油やごま油を使用。バターは1才以降に使用しています。

油の与え方の目安

6カ月以降	7〜8カ月	9〜11カ月	1才以降
1食で1種類を小さじ1/4	1食で1種類を小さじ1/2	1食で1種類を小さじ3/4	1食で1種類を小さじ1

調理のこと

- 離乳食の進め方と目安量は、「授乳・離乳の支援ガイド」(2019年改定版・厚生労働省)にもとづいています。
- 計量単位は、小さじ1＝5ml、大さじ1＝15ml、1合＝180ml(約150g)です。
- 「1週間分の買い物リスト」は、調味料、油、食材にまぶす粉類などは除きます。
- 米は洗ってざるに上げてから、水かげんしてください。
- 卵はMサイズ、野菜は中サイズを目安にしています。ヨーグルトはプレーン(無糖)を使用しています。
- 食材は皮や種、筋をとるなど、必ず下処理をして、生で食べられるものも最初は必ず加熱し、少量から与えましょう。
- フリージング食材を加熱後は、水分が足りなければ湯冷ましなどでのばし、お子さんが食べやすいかたさ・温度にしましょう。とろみをつけても食べやすくなります(p.15)。
- 食べさせる量は、目安です。お子さんの食欲や体調に合わせて調整しましょう。

電子レンジについて

電子レンジの加熱時間は600Wのときの目安です。500Wの場合は1.2倍にしてください。機種によって加熱時間には多少の差があるため、心配なときは少なめの加熱時間から始め、様子を見ながら加熱を追加してください。必ず電子レンジ可の耐熱容器を使用し、ラップは空気の通り道ができるようにふんわりかけてください。

加熱時間対応表

600W	30秒	50秒	1分	1分30秒	2分	2分30秒
500W	40秒	1分	1分10秒	1分50秒	2分20秒	3分

5～6カ月ごろ
ゴックン期
のフリージング献立

離乳食は「5～6カ月で始めましょう」といわれています。
それは、生後6カ月ごろには、
母乳の中の栄養成分が足りなくなってくるから。
赤ちゃんの準備がOKなら、少しずつ、ゆる～く始めてみましょう。
ごく少量なのに、食材の下ごしらえの手間はけっこう大変だから、
最初から1週間分をフリージングしちゃうのがラク！
親も離乳食作りは1年生♪
この本をマネしながらゆっくり慣れていってくださいね。

"とろとろ"から食べることに慣れよう！

5〜6カ月ごろ ゴックン期 ってこんな時期

赤ちゃんはおっぱい・ミルク以外の食べ物を味わうのも、スプーンの触感も、初めての体験。最初は「なんだろう!?」とびっくりするかも。そんな様子も楽しみながら、進めましょう♪

ゴックンと飲み込むだけで精いっぱい

赤ちゃんは口の周りの筋肉が未発達で、舌は前後にしか動きません。最初のうちは、母乳・ミルク以外の味に慣れ、ゴックンと飲み込むだけで精いっぱい！ 少しずつ練習すればいいので、大人もリラックスしてくださいね。

栄養は母乳・ミルクが9割。食べる量は気にしない

「ゴックンできているのか微妙…」と思うかもしれませんが、まだ練習中なので、気にしないで。目安量を食べられなくても、栄養は母乳・ミルクでとれているからだいじょうぶ。

口からこぼれてもOK！スプーンですくい入れて

スプーンは赤ちゃんの下唇にのせ、口をあけて上唇でとり込もうとしたら、水平に引き抜きます。自分で食べる動きを引き出してあげることがポイント！ ダラ〜ッとこぼれたら、そのつどすくって口に入れてあげましょう。

10倍がゆから1種類ずつ、ゆっくり量をふやしていく

10倍がゆ小さじ1からスタートしたら、2日目も小さじ1、3日目から小さじ2…と、進めましょう。野菜や豆腐、魚も同様に。最初の1カ月は無理しないで、ゆっくりペースで！

離乳食は1日1回

- 授乳時間のうち1回を離乳食タイムに
- 赤ちゃんも大人もゆったりできる時間帯に
- 初めての食品は受診のできる時間帯に

タイムスケジュール例

ゆるくてOK

授乳時間が一定でなければ、ママの都合で決めてOK！

1回分の目安量

マネする
どの食材も1さじから適量までふやします

ぽってり
とろとろ

※写真は離乳食開始から1カ月たったころの献立です。
※食べる量ややわらかさは目安なので、お子さんの食欲や成長・発達の様子を見て調整してください。

エネルギー源食品

☐ 10倍がゆ 1さじ〜40g

★うどん、パンはおかゆに慣れてから。この本ではうどんを7カ月でスタート（p.44）。

ビタミン・ミネラル源食品

☐ 野菜・果物（合わせて）1さじ〜15g

★果物は5gくらいを目安に。

たんぱく質源食品

以下より1つ選ぶ

☐ 絹ごし豆腐 1さじ〜25g
☐ 魚 1さじ〜10g
☐ 卵黄 耳かき1〜小さじ2程度

★最初は絹ごし豆腐がとろとろにしやすく、食べさせやすい。
★2種類を使うときは1/2量ずつなど調整を。
★肉、乳製品は7カ月から。

調理&フリージングのポイント

野菜は少量なので、炊飯器で蒸すのもラク

にんじん、大根、かぼちゃ、さつまいもなどは、おかゆや大人の米を炊くついでにいっしょに炊くとやわらかに！ シリコンカップや耐熱容器に入れると、色移りしません。

ブレンダーはラクだけど量は多めにできる

ブレンダーは、量が少ないと回らないため（分量は機種によって確認を）、多めの量ができ上がります。残りは大人がポタージュやパンケーキなどで使い切りましょう（p.31）。

使い切り量なら裏ごしか、すりつぶし

赤ちゃんがちょうど食べ切る量なら、裏ごしやすりつぶしでなめらかに。手間を省くなら、ほうれんそうはフリーズドライ、かぼちゃやさつまいもはフレークを活用しても！

1カ月進め方カレンダー

5カ月ごろ ゴックン期 前半/後半

マネしてラクする

5カ月でスタートした子は、この表のとおりにゆっくり慣らしながら進めましょう。
6カ月スタートの場合は、無理のない範囲で早めながら進めてかまいません。
遅くとも7カ月中には、モグモグ期（2回食）にステップアップできるようにしましょう。

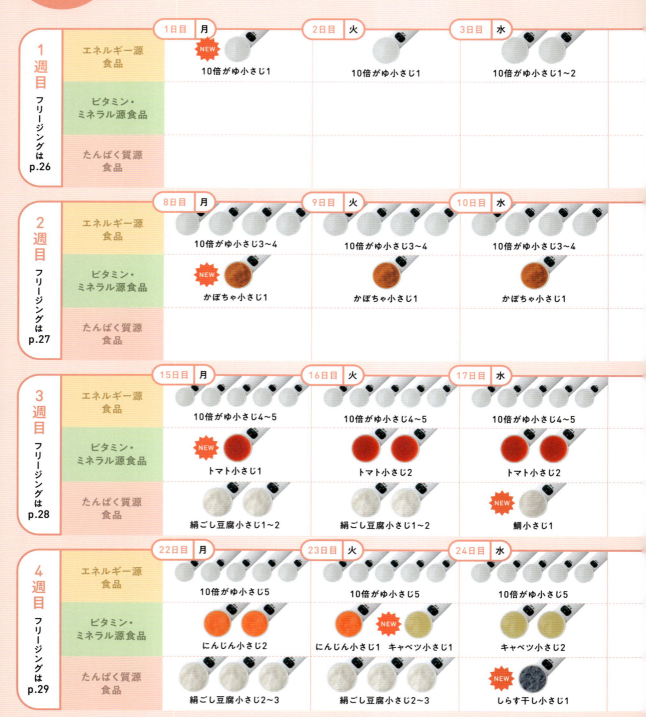

1週目 フリージングはp.26

	1日目 月	2日目 火	3日目 水
エネルギー源食品	10倍がゆ小さじ1 【NEW】	10倍がゆ小さじ1	10倍がゆ小さじ1〜2
ビタミン・ミネラル源食品			
たんぱく質源食品			

2週目 フリージングはp.27

	8日目 月	9日目 火	10日目 水
エネルギー源食品	10倍がゆ小さじ3〜4	10倍がゆ小さじ3〜4	10倍がゆ小さじ3〜4
ビタミン・ミネラル源食品	かぼちゃ小さじ1 【NEW】	かぼちゃ小さじ1	かぼちゃ小さじ1
たんぱく質源食品			

3週目 フリージングはp.28

	15日目 月	16日目 火	17日目 水
エネルギー源食品	10倍がゆ小さじ4〜5	10倍がゆ小さじ4〜5	10倍がゆ小さじ4〜5
ビタミン・ミネラル源食品	トマト小さじ1 【NEW】	トマト小さじ2	トマト小さじ2
たんぱく質源食品	絹ごし豆腐小さじ1〜2	絹ごし豆腐小さじ1〜2	鯛小さじ1 【NEW】

4週目 フリージングはp.29

	22日目 月	23日目 火	24日目 水
エネルギー源食品	10倍がゆ小さじ5	10倍がゆ小さじ5	10倍がゆ小さじ5
ビタミン・ミネラル源食品	にんじん小さじ2	にんじん小さじ1　キャベツ小さじ1 【NEW】	キャベツ小さじ2
たんぱく質源食品	絹ごし豆腐小さじ2〜3	絹ごし豆腐小さじ2〜3	しらす干し小さじ1 【NEW】

24

※フリージングの下ごしらえはp.26～29へ。
※フリージング食材を電子レンジにかけるときは、耐熱容器に入れ、ラップをかけてください。
※電子レンジは600Wの場合で以下を目安に加熱し、よくまぜてあら熱をとり、食べさせてください。
小さじ1→20秒　小さじ2→20～30秒
小さじ3→30秒　小さじ4→30～40秒
小さじ5→40秒　小さじ6→40～50秒
※NEWマークは初めての食品です。食べたあとは、体調の変化に気をつけてください(p.18)。
※小さじ1は離乳食スプーンなら数さじです。分量は目安なので、お子さんに合わせて調整してください。

電子レンジでチン!

ゆるくてOK

最初はうまく食べられないことも。反応を見ながら子どものペースでOK!

4日目 木	5日目 金	6日目 土	7日目 日
10倍がゆ小さじ1～2	10倍がゆ小さじ2～3	10倍がゆ小さじ2～3	10倍がゆ小さじ2～3
	NEW にんじん小さじ1	にんじん小さじ1	にんじん小さじ1

11日目 木	12日目 金	13日目 土	14日目 日
10倍がゆ小さじ3～4	10倍がゆ小さじ3～4	10倍がゆ小さじ3～4	10倍がゆ小さじ3～4
かぼちゃ小さじ1	NEW ほうれんそう小さじ1	ほうれんそう小さじ1	ほうれんそう小さじ1
NEW 絹ごし豆腐小さじ1	絹ごし豆腐小さじ1	絹ごし豆腐小さじ1	絹ごし豆腐小さじ1

18日目 木	19日目 金	20日目 土	21日目 日
10倍がゆ小さじ4～5	10倍がゆ小さじ4～5	10倍がゆ小さじ4～5	10倍がゆ小さじ4～5
にんじん小さじ2	にんじん小さじ2	かぼちゃ小さじ2	かぼちゃ小さじ2
鯛小さじ1	鯛小さじ1	絹ごし豆腐小さじ1～2	絹ごし豆腐小さじ1～2

25日目 木	26日目 金	27日目 土	28日目 日
10倍がゆ小さじ5	10倍がゆ小さじ5	10倍がゆ小さじ5	10倍がゆ小さじ5
キャベツ小さじ1　NEW 大根小さじ1	大根小さじ2	大根小さじ1　にんじん小さじ1	にんじん小さじ2
しらす干し小さじ1	しらす干し小さじ1	しらす干し小さじ1	絹ごし豆腐小さじ2～3

ゴックン期

5カ月ごろ
ゴックン期
前半 / 後半

＼食べるときにチン！／
1週間作りおきフリージング

最初の一口は10倍がゆ。おかゆに慣れたら野菜、野菜に慣れたら豆腐や魚を試しましょう。どの食材も、小さじ1から始めて、2日目も同じものを与えます。食材がコロコロ変わるより、同じ食材を何日か続けて慣らしていけばだいじょうぶ！

※食材の下ごしらえは少し多めにできるので、大人が食べるか、予備としてフリージングしてください。

1週目

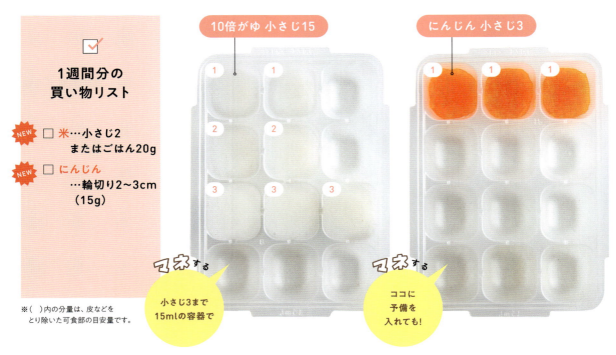

1週間分の買い物リスト

【NEW】□ 米…小さじ2 またはごはん20g
【NEW】□ にんじん …輪切り2〜3cm（15g）

※（ ）内の分量は、皮などをとり除いた可食部の目安量です。

10倍がゆ 小さじ15
にんじん 小さじ3

マネする：小さじ3まで15mlの容器で
マネする：ココに予備を入れても！

🍚 おかゆとにんじんは大人の米と同時に炊く

耐熱カップに米小さじ2と水100mlを入れる。シリコンカップににんじん15g（皮をむく）を入れる。炊飯釜に大人の米を入れて水かげんし、上にカップ2つをのせ、普通に炊く。
おかゆの炊き方はp.14参照。
ごはん20gを鍋または電子レンジで炊いてもOK。

★炊飯器で同時調理するときは、米は5合炊きの炊飯器で3合までにしてください。入れすぎると、ふきこぼれることがあり危険です。

おかゆはブレンダー
おかゆはブレンダーでペースト状にし、1ブロック15mlのフリージング容器に分け入れる。

にんじんはすりつぶすか裏ごし
にんじんはなめらかにすりつぶすか、裏ごしする。湯冷まし（一度沸騰させた湯を冷ましたもの）でかたさを調整し、1ブロック15mlのフリージング容器に分け入れる。

2週目

1週間分の買い物リスト

- □ 米…小さじ4 またはごはん40g
- **NEW** □ かぼちゃ …1～2かけ(20g)
- **NEW** □ ほうれんそうの葉 …1～2株(15g)
- **NEW** □ 絹ごし豆腐 …小さじ4(20g)

★小分けタイプが便利(p.38)。

※（　）内の分量は、皮などをとり除いた可食部の目安量です。

マネする
小さじ4から25mlの容器で

10倍がゆ 小さじ3～4×7回

かぼちゃ 小さじ4

ほうれんそう 小さじ3

おかゆは好みの方法で炊く

おかゆの作り方はp.14参照。
米小さじ4と水200mlを炊飯器で炊く（またはごはん40gを鍋または電子レンジで炊く）。1ブロック25mlのフリージング容器に分け入れる。

⚠ 豆腐は冷凍NG そのつど作ります

耐熱容器に絹ごし豆腐小さじ1を入れ、ラップをかけて電子レンジ（600W）で10～15秒熱する。熱湯にさっとくぐらせてもOK。なめらかにすりつぶす。

★豆腐は初めての大豆製品。豆腐の量をふやして食べられたら、大豆アレルギーの心配はないため豆乳や納豆（p.48）も普通に始められます。

🔲 かぼちゃを加熱してつぶす

耐熱容器にかぼちゃ1～2かけと水大さじ1を入れ、ラップをかけて電子レンジ（600W）で1分～1分30秒加熱する。やわらかくなったら皮をとり除き、なめらかにすりつぶす。湯冷ましでかたさを調節し、1ブロック15mlのフリージング容器に分け入れる。

🍲 ほうれんそうをゆでて裏ごし

ココを使う

ほうれんそう1～2株は熱湯で2～3分やわらかくゆで、水にとってしぼる。葉の部分を茶こしに入れ、キッチンばさみでこまかく刻んでから、裏ごしする。湯冷ましでかたさを調節し、1ブロック15mlのフリージング容器に分け入れる。

3週目

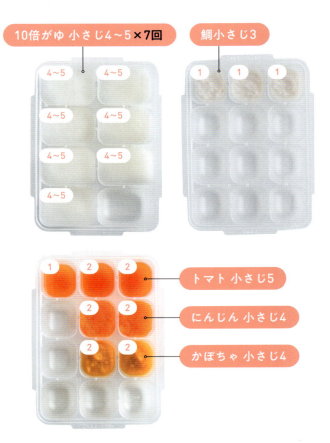

10倍がゆ 小さじ4〜5×7回
鯛小さじ3

トマト 小さじ5
にんじん 小さじ4
かぼちゃ 小さじ4

1週間分の買い物リスト

- 米…小さじ5 またはごはん50g
- **NEW** トマト…1/4個（25g）
- にんじん…輪切り3cm（20g）
- かぼちゃ…1〜2かけ（20g）
- **NEW** 鯛…刺し身2切れ（15g）
- 絹ごし豆腐…小さじ4〜8（20〜40g）

※（ ）内の分量は、皮などをとり除いた可食部の目安量です。

おかゆは好みの方法で炊く

おかゆの作り方はp.14参照。
米小さじ5と水250mlを炊飯器で炊く（またはごはん50gを鍋または電子レンジで炊く）。1ブロック25mlのフリージング容器に分け入れる。

にんじん
p.26と同様に炊くか、熱湯でゆでてすりつぶす。1ブロック15mlのフリージング容器に分け入れる。

かぼちゃ
p.27と同様に調理し、1ブロック15mlのフリージング容器に分け入れる。

絹ごし豆腐
p.27と同様にそのつど加熱し、つぶしてなめらかにする。小さじ2は加熱時間を15秒に。

トマトを加熱して裏ごし

耐熱容器にトマト1/4個を入れ、ラップをかけて電子レンジ（600W）で1分加熱する。箸で皮をとり除き、茶こしで裏ごしする（種は網に残る）。1ブロック15mlのフリージング容器に分け入れる。

ラクする　加熱するとつるっと皮がとれる！

鯛をゆでてすりつぶす

鯛の刺し身2切れはかたくり粉をまぶして熱湯でゆでて火を通し、なめらかにすりつぶす。ゆで汁でかたさを調節し、1ブロック15mlのフリージング容器に分け入れる。

マネする　鯛は裏ごしがむずかしいのですりつぶして！

4週目

1週間分の買い物リスト ✓

- □ 米…小さじ5 またはごはん50g
- 🆕 □ キャベツ …小1枚(20g)
- 🆕 □ 大根 …1cm(20g)
- □ にんじん …輪切り5cm(30g)
- 🆕 □ しらす干し …20g
- □ 絹ごし豆腐 …小さじ6〜9 (30〜45g)

※( )内の分量は、皮などをとり除いた可食部の目安量です。

10倍がゆ 小さじ5×7回

しらす干し 小さじ4

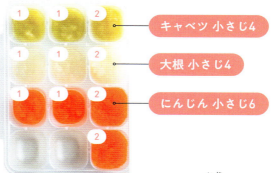
キャベツ 小さじ4
大根 小さじ4
にんじん 小さじ6

おかゆは好みの方法で炊く

おかゆの作り方はp.14参照。米小さじ5と水250mlを炊飯器で炊く(またはごはん50gを鍋または電子レンジで炊く)。1ブロック25mlのフリージング容器に分け入れる。

絹ごし豆腐 🔲レンジ

p.27と同様にそのつど加熱し、つぶしてなめらかにする。小さじ2は加熱時間を15秒、小さじ3は20秒に。

🍲 野菜をまとめてゆでる

マネする
多めにブレンダーでもラク!

大根・にんじん(皮をむく)、キャベツは一口大に切る(大人のスープも作れるように、多めに切っても)。水からゆでて、沸騰後20〜30分ゆでる。大根20g、にんじん30g、キャベツ20gをとり出す。

にんじん・大根は、それぞれなめらかにすりつぶすか、多めの分量でブレンダーにかけてもラク。ゆで汁でかたさを調整し、1ブロック15mlのフリージング容器に分け入れる。余りは大人用に(p.31)。

キャベツは裏ごしし、1ブロック15mlのフリージング容器に分け入れる。

🫖 しらす干しは塩抜きして裏ごし

ラクする
しらすはみそこし器がやりやすい!

耐熱容器にしらす干し20gを入れ、湯100mlを加えて5分ほどおき、塩抜きする。みそこし器にあけて湯をきり、すりこ木で裏ごしする。湯冷ましでかたさを調整し、1ブロック15mlのフリージング容器に分け入れる。

離乳食スタートのつまずき解決！
ADVICE

離乳食を始めると、うまくいかなくて戸惑ったり、不安になったりすることがたくさん！
私の3人の子どもたちも、離乳食の食べっぷりや好みが違っていました。
スタート時の悩みをどのように乗り越えていったか、お伝えします。

口におかゆが入ると変な顔して出す！

うちの子もしばらくはそうでした。いつかは慣れます！

1人目のときは、初日の一口目だけ「うむ？」と考えていたけれど、そのあとはガツガツ欲しがっていました。でも2人目は全然食べなくて！ 口に入れると変な顔をして出す（笑）。10日目くらいで、やっと変な顔はしなくなって、ぶーっと出さなくなりました。

おかゆの味があんまり好きではないみたい…

甘い味にしてあげると食べてくれるかも？

2人目のとき、おかゆを全く食べてくれなかったので、ミルクでスプーンの練習をしました。試しにおかゆにミルクを少しまぜたら、嫌がらずに食べてくれました。1人目は、白いおかゆにかぼちゃなどをよくまぜました。まぜて食べてくれるならそれでよし！

2人目はミルクを添えた

スプーンはどういう形が食べさせやすいの？

細長くて、ボウル部分が平たいと食べさせやすい

赤ちゃんの一口って、びっくりするくらい小さい！ 小さじ2のおかゆにすんごい時間かかる（笑）。だから、小さくて細長くて、スッと引き抜きやすい平たいスプーンが食べさせやすいです。ボウル部分がシリコン製のもの（写真上）は、やわらかいのでお口に当たっても安心だし、食材を残さずすくいやすいです。

うちの子たちに使ったスプーン

スプーンを歯がためみたいにかんじゃうんです

それ、やるやるー！予備がもう1本必要ですね

スプーンを持ちたがったり、歯がためがわりにして遊び始めたり。おしまい！ととり上げると、怒る（笑）。のどを突いたら怖いので、長いスプーンとは別に、短いスプーンを渡して持たせておくのが安心ですね。

スプーンににんじんの色がついちゃう〜！

日の当たるところに
半日おけば白くなる！

紫外線は色素を分解するので、色のついたスプーンをびんなどに立てて日光に当てるだけで、きれいに落とせるんです！ 漂白剤や重曹を使う方法などいろいろあるけれど、日光がいちばん簡単で安心なのでおすすめです。

せっかく始めたのにかぜをひいてダウン…

感染症の洗礼は必ずある！
水分補給だけしっかり

熱があっても機嫌がよく食欲もあれば、のどごしのよい離乳食を食べられるだけあげていました。1つ前の形状に戻してあげてもOK。ぐったりしていたり、手足口病で口の中が痛かったりするときは、無理せずに水分補給だけで！ 回復してから、少しずつ食べられれば問題なしです。

6カ月からスタートしたけど、追いつくかな？

1才半ごろまでには同じように
食べているから心配しないで

うちの場合は、1人目は5カ月ちょうどから、2人目・3人目はやる気が出なくて（笑）、6カ月スタートでした。かむ力がつくのは少し遅いかもしれないけれど、離乳食卒業の時期は1才〜1才6カ月ごろと幅があるので、少しずつ追いついていくからだいじょうぶ！

先に授乳しないと、大泣きして食べてくれない！

離乳食前や途中で
授乳してもいいと思う

スタートのころは、まだ授乳時間が安定していないことも多いし、お昼寝もあるので、食事のタイミングがむずかしいですよね。タイミングを間違えると、全然食べてくれないこともあるし。おなかがすきすぎていると泣いちゃうから、先に少し授乳したり、途中で授乳してもいいと思う！

余ったペースト野菜、どうしよう？

蒸しパンやパンケーキに
入れると色もきれい！

余ったペースト状の野菜は、蒸しパンやパンケーキに入れて消費！ 酢・オイル・塩・こしょうを入れて野菜ドレッシングにしたり、ポタージュ、カレーに入れちゃってもOK。もったいないから、大人が活用しましょう。

食べる量が目安どおりにふえません

ゆっくりマイペースで
だいじょうぶですよー！

うちも2人目・3人目は最初のころ残すことが多くて、参考書どおりにふえていかなくて焦ったりもしました。それでもマイペースでふえていくから、見守っていきましょう。食べないと思っていたら、急にたくさん食べるようになることもあるからだいじょうぶ♪

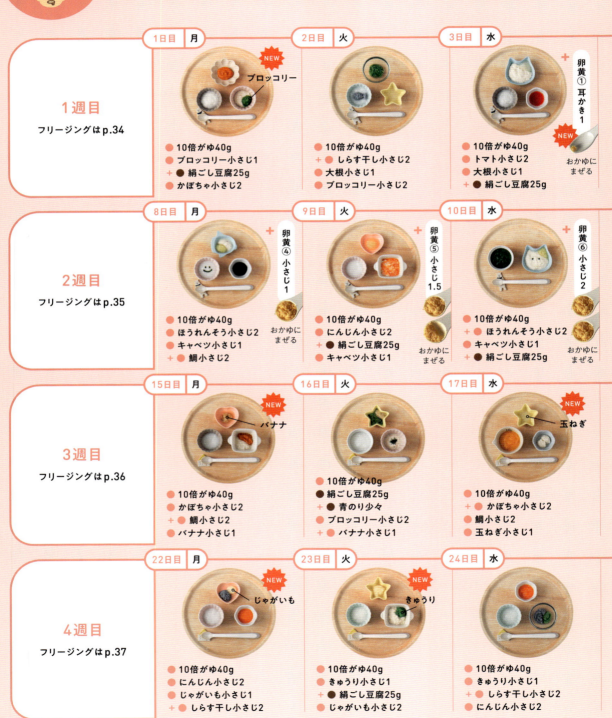

● フリージング食材（p.34〜37で下ごしらえ）
● 常備食材（家に買いおきしておくもの）
青のりは、こまかい粉末があれば少量を使ってください。

※フリージング食材を電子レンジにかけるときは、耐熱容器に入れ、ラップをかけてください。
※電子レンジは600Wの場合で以下を目安に加熱し、よくまぜてあら熱をとり、食べさせてください。
　小さじ1→20秒　　小さじ2→20〜30秒
　小さじ3→30秒　　小さじ4→30〜40秒
　小さじ5→40秒　　小さじ6→40〜50秒
※NEWマークは初めての食品です。食べたあとは、体調の変化に気をつけてください。

マネする
卵黄は平日の受診のできる時間帯に試すのが安心です

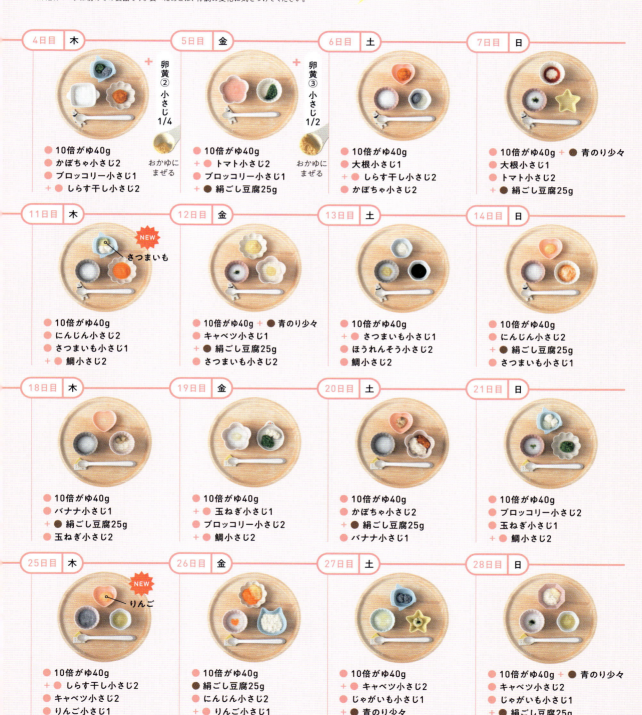

6カ月ごろ ゴックン期 前半 後半

食べるときにチン！
1週間作りおきフリージング

おかゆの量は、1回40gくらいが目安。
6ブロックの50ml容器に入らない1回分は、25ml容器2つに入れるとぴったりおさまります。
野菜は食べなれたものに加えて、新しいものを週1〜2くらい試していきましょう。

※食材の下ごしらえは少し多めにできるので、大人が食べるか、予備としてフリージングしてください。

1週目

1週間分の買い物リスト

- 米…大さじ3
- **NEW** ブロッコリー…4房(25g)
- かぼちゃ…2かけ(30g)
- トマト…1/4個(30g)
- 大根…1cm(20g)
- しらす干し…30g
- 絹ごし豆腐…100g(25g×4回)
- 卵…1個
  卵黄チャレンジ用。
  下ごしらえはp.19参照。

※( )内の分量は、皮などをとり除いた可食部の目安量です。

- 10倍がゆ40g×7回 (40g × 6) **マネする おかゆは50ml容器**
- かぼちゃ小さじ6 (20g × 2 × 3回分=「2」表示）
- トマト小さじ6
- ブロッコリー小さじ5
- 大根小さじ4
- しらす干し小さじ6

おかゆを炊く 〔炊飯器〕

おかゆの作り方はp.14参照。米大さじ3と水450mlを炊飯器で炊く。1ブロック50mlと25mlのフリージング容器に分け入れる。

ブロッコリーはゆでてブレンダー 〔鍋〕

ラクする / ついでに大人分も！

ブロッコリーの小房は大人分もいっしょに熱湯でゆで、離乳食用の4房は長めに4〜5分、やわらかくゆでる。穂先をキッチンばさみでそぎとり、ゆで汁を加え、ブレンダーでなめらかにする。1ブロック15mlのフリージング容器に分け入れる。

かぼちゃ 〔レンジ〕
p.27と同様に調理し、1ブロック25mlのフリージング容器に分け入れる。

トマト 〔レンジ〕
p.28と同様に調理し、1ブロック25mlのフリージング容器に分け入れる。

大根 〔炊飯器／鍋〕
皮をむいてゆで、すりつぶす。炊飯器で炊くのもラク！
1ブロック15mlのフリージング容器に分け入れる。

しらす干し 〔お湯〕
p.29と同様に調理し、1ブロック15mlのフリージング容器に分け入れる。

絹ごし豆腐 〔レンジ〕
p.27と同様にそのつど加熱し、つぶしてなめらかにする。25gは加熱時間を30秒に。

2週目

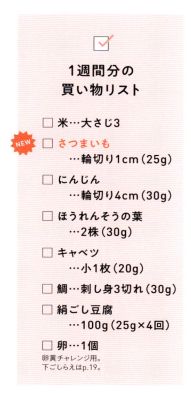

1週間分の買い物リスト

- 米…大さじ3
- **NEW** さつまいも…輪切り1cm（25g）
- にんじん…輪切り4cm（30g）
- ほうれんそうの葉…2株（30g）
- キャベツ…小1枚（20g）
- 鯛…刺し身3切れ（30g）
- 絹ごし豆腐…100g（25g×4回）
- 卵…1個
  卵黄チャレンジ用。
  下ごしらえはp.19。

※（ ）内の分量は、皮などをとり除いた可食部の目安量です。

- 10倍がゆ40g×7回
- にんじん小さじ6
- ほうれんそう小さじ6
- さつまいも小さじ5
- キャベツ小さじ4
- 鯛小さじ6

ラクする
にんじんとさつまいもは炊飯器で炊いてもいい！

 おかゆを炊く

おかゆの作り方はp.14参照。米大さじ3と水450mlを炊飯器で炊く。1ブロック50mlと25mlのフリージング容器に分け入れる。

 さつまいもは加熱して裏ごし

耐熱容器にさつまいも25g（皮をむき4等分）と水大さじ1を入れ、ラップをかけて電子レンジ（600W）で1分～1分30秒加熱する。裏ごしし、湯冷ましでかたさを調整する。1ブロック15mlのフリージング容器に分け入れる。

にんじん

p.26と同様に炊くか、熱湯でゆでてすりつぶす。1ブロック25mlのフリージング容器に分け入れる。

キャベツ

p.29と同様に調理し、1ブロック15mlのフリージング容器に分け入れる。

絹ごし豆腐

p.27と同様にそのつど加熱し、つぶしてなめらかにする。25gは加熱時間を30秒に。

ほうれんそう

p.27と同様に調理するか、多めの量でブレンダーにかける。1ブロック25mlのフリージング容器に分け入れる。

鯛

p.28と同様に調理し、1ブロック15mlのフリージング容器に分け入れる。

★キャベツ→鯛→ほうれんそうの順でゆでると、1つの鍋ですむ！

ラクする
豆腐はフリージング食材とチン！するのもラク

器にフリージング食材と豆腐を入れて、同時に加熱するのも簡単。

ゴックン期 35

3週目

1週間分の買い物リスト

- ☐ 米…大さじ3
- ☐ (NEW) 玉ねぎ…1/8個 (25g)
- ☐ (NEW) バナナ…1/5本 (20g)
- ☐ ブロッコリー…4〜5房 (30g)
- ☐ かぼちゃ…2かけ (30g)
- ☐ 鯛…刺し身4切れ (40g)
- ☐ 絹ごし豆腐…75g (25g×3回)

※( )内の分量は、皮などをとり除いた可食部の目安量です。

- 10倍がゆ40g×7回
- ブロッコリー小さじ6
- かぼちゃ小さじ6
- 玉ねぎ小さじ5
- バナナ小さじ4
- 鯛小さじ8

おかゆを炊く

おかゆの作り方はp.14参照。米大さじ3と水450mlを炊飯器で炊く。1ブロック50mlと25mlのフリージング容器に分け入れる。

ブロッコリー
p.34と同様に調理し、1ブロック25mlのフリージング容器に分け入れる。

かぼちゃ
p.27と同様に調理し、1ブロック25mlのフリージング容器に分け入れる。

鯛
p.28と同様に調理し、1ブロック15mlのフリージング容器に分け入れる。

絹ごし豆腐
p.27と同様にそのつど加熱し、つぶしてなめらかにする。25gは加熱時間を30秒に。

 玉ねぎはゆでて裏ごし

(ラクする) ブロッコリーといっしょにゆでてもOK

玉ねぎ25g (皮をむく) は繊維を断つように薄切りにし、熱湯でやわらかくゆで、裏ごしする。1ブロック15mlのフリージング容器に分け入れる。

 バナナは解凍時に加熱でOK

バナナ20g (皮をむく) は5gずつ輪切りにし、1ブロック15mlのフリージング容器に分け入れる。解凍時に電子レンジで加熱し、まぜてとろとろにする。

4週目

1週間分の買い物リスト

- □ 米…大さじ3
- 【NEW】□ じゃがいも…1/4個（25g）
- 【NEW】□ きゅうり…1/4本（10g）
- 【NEW】□ りんご…1/8個（10g）
- □ にんじん…輪切り4cm（30g）
- □ キャベツ…小1枚（30g）
- □ しらす干し…40g
- □ 絹ごし豆腐…75g（25g×3回）

※（ ）内の分量は、皮などをとり除いた可食部の目安量です。

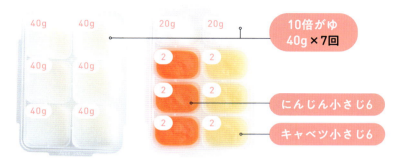

10倍がゆ 40g×7回
にんじん小さじ6
キャベツ小さじ6

じゃがいも小さじ5
きゅうり小さじ2
りんご小さじ2
しらす干し小さじ8

おかゆを炊く

おかゆの作り方はp.14参照。米大さじ3と水450mlを炊飯器で炊く。1ブロック50mlと25mlのフリージング容器に分け入れる。

にんじん

p.26と同様に炊くか、熱湯でゆでてすりつぶす。1ブロック25mlのフリージング容器に分け入れる。

キャベツ

p.29と同様に調理し、1ブロック25mlのフリージング容器に分け入れる。

しらす干し

p.29と同様に調理し、1ブロック15mlのフリージング容器に分け入れる。

絹ごし豆腐

p.27と同様にそのつど加熱し、つぶしてなめらかにする。25gは加熱時間を30秒に。

★にんじん、キャベツ、じゃがいもは、p.29のようにまとめてゆでてもOK。

じゃがいもはゆでてつぶす

じゃがいも25g（皮をむく）は熱湯でやわらかくゆで、スプーンなどでつぶす。ゆで汁でかたさを調整し、1ブロック15mlのフリージング容器に分け入れる。

きゅうりはすりおろす

きゅうりは皮ごと20gをすりおろして耐熱容器に入れ、ラップをかけて電子レンジ（600W）で20秒加熱する。1ブロック15mlのフリージング容器に分け入れる。

★形状は食べやすくても、消化をよくするため加熱する。

マネする
目のこまかいおろし器を使って！

りんごは加熱してすりつぶし

耐熱容器にりんご1/8個（皮をむく）と水大さじ1を入れ、ラップをかけて電子レンジ（600W）で1分～1分30秒加熱する。ラップをしたままあら熱をとり、なめらかにすりつぶし、1ブロック15mlのフリージング容器に分け入れる。

column

izumiの3人子育て

ゴックン期を振り返って

豆皿にちょっとずつ、ミニ懐石のようだったゴックン期。
調理は面倒だけど、小さなお口で一生懸命食べてくれるのがかわいかった〜♡

1人目

おかゆの色が見えなくて、3日目にカラー食器を購入！

1日目、2日目と、白いココットにおかゆを入れたら白×白でよくわからない。カラーのもほしい！と思って、豆皿を購入しました。

まな板とみそこしは3人目まで活躍♪

「6カ月のころ」

1人目は最初からよく食べて、毎回完食！くれくれアピールもすごい！離乳食は5カ月ちょうどで始めたけど、すぐ慣れました。

1人目だけちゃんとハーフバースデーやってた

「6カ月のころ」

10倍がゆ、にんじん＆トマト、かぼちゃ。がんばったけど、このころ寝不足で、最後の「DAY」あたりは力尽きてる…！

2人目 | 3人目

予想外に全然食べない我が息子。

「6カ月のころ」

にんじんは9日目からやっと

長男のように初日からガツガツ食べると思ってたら、全然食べない！おかゆになんとか慣れてにんじんを始めたのは、9日目。

2人目からは、夫にも離乳食作りに参戦してもらうことに。「作るのが無理そうだったらベビーフード使ってね」と伝えています。

2人目から引き出しにベビーフードを完備！

3人目ものんびりモ〜ド。食欲が出てきたのは3週目から

「6カ月のころ」

2人目と同じく、6カ月スタートでゆっくりでした。2週目くらいまでは目安量を作っても残しちゃう…。3週目から軌道に乗ったかな〜。

1パック35gの絹ごし豆腐！ゴックン期はこれが便利でした。豆腐は冷凍できないし、毎日開封できると安心ですね。

この↑小分け豆腐が便利

7～8カ月ごろ

モグモグ期

のフリージング献立

7カ月ごろになると、おすわりがしっかりしてくるので、
お食事椅子にすわって食べる子がふえてきます。
離乳食が軌道に乗って、成長を感じる半面、
2回食になって食べる量もふえていくから大忙し…。そこで、
組み合わせを楽しむ1回目＋固定メニューで考えない2回目と、
献立のルールを決めてフリージングしておくのがizumi式です。
週末に全部やらなきゃ、とがんばりすぎずに、
一部を平日にシフトしてもOK。無理しないのが続く秘訣!

おいしい！楽しい！の笑顔がふえる
7〜8カ月ごろ モグモグ期
ってこんな時期

離乳食にもだいぶ慣れてきて、よく味わい、楽しみながら食べる余裕が出てくる時期。
水分を少しずつ減らして、しっかりモグモグしながら、いろいろな食材に挑戦していきます。

舌と上あごで押しつぶして食べるようになる

赤ちゃんの舌は前後だけでなく、上下にも動くように。豆腐くらいのやわらかなかたまりを舌で上あごに押しつけてつぶし、だ液とまぜて味わって食べるようになります。喜んで食べてくれると、大人もうれしいですね！

やわらかすぎても、かたすぎてもまる飲みの原因に

最初は、すりつぶしにやわらかな粒々が少し残る程度のジャム状から様子を見て。ベ〜ッと吐き出すなら「かたすぎる」のサイン。やわらかすぎても、かたすぎてもまる飲みしてしまうので、モグモグしやすく調節しましょう。

スプーンの運びが速くならないようにする

この時期は、たくさん食べてほしくて、大人のスプーンの運びが速くなりがち。次から次へと食べさせると、流し込むように食べる原因に。「ゆっくり」を意識して、数秒間モグモグしていることを確認しましょう。

鶏ささ身やまぐろなどの新たんぱく質源に挑戦！

モグモグ期は、食べられるたんぱく質源食品がぐ〜んとふえます。この本では、受診のできる平日の1回目に新食材を組み込んでいるので、マネしてチャレンジしてみて。

離乳食は1日2回

- ☐ 授乳時間のうち2回を離乳食タイムに
- ☐ 食事の間隔は4時間以上あける
- ☐ 初めての食品は受診のできる時間帯に

タイムスケジュール例

6:00

マネする
初めての食品は
1回目にする
p.18

10:00

14:00

ゆるくてOK
2回目は
家族といっしょの
夕食タイムでも！

18:00

20:00

1回分の目安量

マネする

まだ小さめのスプーンでゆっくりモグモグ

みじん切り
つぶつぶ

※食べる量やかたさは目安なので、お子さんの食欲や成長・発達の様子を見て調整してください。

エネルギー源食品

以下より1つ選ぶ

- ☐ 7倍がゆ または 5倍がゆ 50～80g
- ☐ ゆでうどん 35～55g
- ☐ 食パン 15～20g

★小麦製品はゆでうどんを1さじから（p.19）。

ビタミン・ミネラル源食品

- ☐ 野菜・果物（合わせて）20～30g

★果物は5～10gを目安に。

たんぱく質源食品

以下より1つ選ぶ

- ☐ 絹ごし豆腐 30～40g
- ☐ 納豆 10～15g
- ☐ 魚・肉 10～15g
- ☐ 卵黄1個～全卵1/3個
- ☐ プレーンヨーグルト 50～70g

★2種類を使うときは1/2量ずつなど調整を。

調理&フリージングのポイント

野菜はいろいろな種類を時間差でゆでる

野菜をゆでるときは、にんじん、大根などの根菜を先に、キャベツやブロッコリーなど早く火が通る野菜をあとから投入！ 1つの小鍋で、6種類をゆでることもできちゃいます。

めんどうなみじん切りはチョッパーを活用！

この時期、めんどうなのが「みじん切り」。みじん切りチョッパーを使えば、1週間分の野菜MIXもあっという間に刻めます。鶏ささ身や薄焼き卵も、チョッパーがラク！

ポン

チン

2回目は野菜MIXの単品メニューに固定

野菜MIXは、目安量（20～30g）×7日分を用意。おかゆといっしょにチン！して、魚や豆腐などのたんぱく質源をプラスすれば、1食分ができ上がり！ 忙しい夕方も助かります。

モグモグ期

マネしてラクする 1週間献立カレンダー

7カ月ごろ 1・2週目 モグモグ期 前半 後半

7カ月から2回食へ。1週目と2週目は同じ献立をくり返します。
1週目は1回目でヨーグルト、鮭、うどんをスタート。2回目はおかゆ＋野菜MIXでラクしましょう！
2週目は新しい食材がないので、献立に全卵をプラスしてみて。全卵の進め方はp.19。

- ● フリージング食材（p.44～46で下ごしらえ）
- ● 常備食材（家に買いおきしておくもの）

※フリージング食材は耐熱容器に入れ、ラップをかけて電子レンジへ。
※電子レンジの加熱時間は600Wの目安。様子を見てかげんしてください。
※加熱後は、まぜながら食べさせてください。
※初めての食品を食べたあとは、体調の変化に気をつけてください。

月

ゆるくてOK
1回目は単品の組み合わせを自由に！

1回目

- ● 7倍がゆ50g p.44
  電子レンジで1分加熱する。

- ● 大根10g p.45
- ● 絹ごし豆腐20g
- ● 青のり少々
  大根、豆腐を合わせて電子レンジで30～40秒加熱し、青のりを振る。

NEW ヨーグルト

- ● かぼちゃ10g p.45
- ● ヨーグルト大さじ1
  ※完全母乳の場合は少量から（p.19）
- ● きな粉少々
  かぼちゃを電子レンジで20～30秒加熱し、ヨーグルトを添え、きな粉を振る。

+ NEW 2週目 全卵① 小さじ1/4 おかゆにまぜる

2回目

- ● 7倍がゆ50g p.44
- ● 野菜MIX20g p.46
- ● 絹ごし豆腐30g

7倍がゆと野菜MIXを電子レンジで1分～1分30秒加熱する。5mm角に切った豆腐を電子レンジで30秒加熱し、のせる。

ラクする
2回目はおかゆ＋野菜MIXに固定！

★面倒だったら全部まとめてチンでOK！

火

1回目

NEW うどん

- ● 7倍がゆ50g p.44
- ● しらす干し10g p.46
  合わせて電子レンジで1分～1分30秒加熱する。

- ● うどん5g p.44
- ● 昆布だし大さじ1 p.45
  合わせて電子レンジで20～30秒加熱する。

- ● かぼちゃ10g p.45
- ● 小松菜10g p.45
  合わせて電子レンジで30～40秒加熱する。

+ 2週目 全卵② 小さじ1/2 おかゆにまぜる

2回目

- ● 7倍がゆ50g p.44
- ● 野菜MIX20g p.46
- ● 絹ごし豆腐30g

7倍がゆと豆腐を電子レンジで1分加熱し、まぜる。野菜MIXを電子レンジで30～40秒加熱し、のせる。

水

1回目

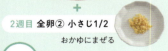

- ● 7倍がゆ50g p.44
- ● きな粉少々
  7倍がゆを電子レンジで1分加熱し、きな粉を振る。まぜながら食べさせる。

- ● うどん10g p.44
- ● 小松菜10g p.45
- ● 大根10g p.45
- ● 昆布だし大さじ1 p.45
  合わせて電子レンジで1分加熱する。好みでとろみをつける（p.15）。

- ● 好みの果物（いちご）5g
- ● ヨーグルト大さじ1
  いちごは刻んで電子レンジで20秒加熱する。ヨーグルトを添える。

+ 2週目 全卵③ 小さじ1 おかゆにまぜる

2回目

- ● 7倍がゆ50g p.44
- ● 野菜MIX20g p.46
- ● かたゆで卵黄小さじ3

7倍がゆを電子レンジで1分加熱し、卵黄をまぜる。野菜MIXを電子レンジで30～40秒加熱し、のせる。

★ゴックン期で慣れた卵黄もたまに食べさせよう！

木

1回目

- うどん10g
  +7倍がゆ30g　p.44
- 大根10g　p.45
- 昆布だし大さじ1　p.45

合わせて電子レンジで1分～1分30秒加熱する。

- 生鮭5g　p.46
- 絹ごし豆腐10g

豆腐と鮭を電子レンジで20～30秒加熱する。

- さつまいも10g　p.45
- 好みの果物（バナナ）5g

さつまいもを電子レンジで20～30秒加熱し、バナナを添える。

2週目 全卵④ 小さじ2
おかゆにまぜる

2回目

- 7倍がゆ50g　p.44
- 野菜MIX20g　p.46
- しらす干し10g　p.46

7倍がゆと野菜MIXを電子レンジで1分～1分30秒加熱し、まぜる。しらす干しを電子レンジで20～30秒加熱し、のせる。

金

1回目

- 7倍がゆ50g　p.44
- 生鮭10g　p.46
- さつまいも10g　p.45

合わせて電子レンジで1分～1分30秒加熱する。

- かぼちゃ10g　p.45
- 昆布だし大さじ1　p.45
- 青のり少々

かぼちゃと昆布だしを電子レンジで30～40秒加熱し、好みでとろみをつける（p.15）。青のりを振る。

- 好みの果物（いちご）5g

刻んで電子レンジで20秒加熱する。

2回目

- 7倍がゆ50g　p.44
- 野菜MIX20g　p.46
- しらす干し10g　p.46

7倍がゆと野菜MIXを電子レンジで1分～1分30秒加熱し、まぜる。しらす干しを電子レンジで20～30秒加熱し、のせる。

土

1回目

- 7倍がゆ50g　p.44
- 大根10g　p.45
- 小松菜10g　p.45
- しらす干し10g　p.46

合わせて電子レンジで1分～1分30秒加熱する（または別々に加熱し、お魚の形に盛る）。

- 好みの果物（みかん）5g

薄皮をむき、刻んで電子レンジで20秒加熱する。

2回目

- 7倍がゆ50g　p.44
- 野菜MIX20g　p.46
- 生鮭10g　p.46

合わせて電子レンジで2分加熱する。

日

1回目

- 7倍がゆ50g　p.44
- 小松菜10g　p.45
- 生鮭10g　p.46

合わせて電子レンジで1分～1分30秒加熱する。

- さつまいも10g　p.45
- ヨーグルト少々

電子レンジで20～30秒加熱し、ヨーグルトをまぜる。

2回目

- うどん20g
  +7倍がゆ20g　p.44
- 野菜MIX20g　p.46
- 絹ごし豆腐30g

うどん＋7倍がゆと野菜MIXを電子レンジで1分～1分30秒加熱し、まぜる。
5mm角に切った豆腐を電子レンジで30秒加熱し、のせる。

7カ月ごろ 1・2週目
モグモグ期
前半　後半

＼ 食べるときにチン！ ／
1週間作りおきフリージング

1週目で試すうどんと鮭は、2週目では量をふやしてかまいません。
また、2週目は1週目とは違う食材に変えてアレンジしてもOK。
離乳食用に買い物した食材は、大人の料理も作って使い切りましょう（大人ごはんはp.47）。

※食材の下ごしらえは少し多めにできるので、大人が食べるか、予備としてフリージングしてください。

✓ 1週間分の買い物リスト

フリージング食材

- □ 米…1/2合強（100ml）
- 【NEW】□ ベビーうどん（乾めん）…15g
  （2週目は25g）
- □ 小松菜…2株（70〜80g）
- □ 大根…2〜3cm（100g）
- □ かぼちゃ…2かけ（30g）
- □ さつまいも…1cm厚さ（30g）
- □ にんじん…1/3本（50g）
- □ キャベツ…1枚（50g）
- □ 玉ねぎ…1/3個（50g）
- 【NEW】□ 生鮭…1/2切れ（35g）
  （2週目は40g）
- □ しらす干し…40g

常備食材

- □ ゆでうどん（大人用）…1玉
- □ 卵…1個（卵黄1個分）
  ※かたゆでにする。作り方はp.19。
- □ 絹ごし豆腐…適量
- 【NEW】□ プレーンヨーグルト…適量
- □ きな粉…適量
- □ 青のり…適量
- □ 昆布…細切り3本
- □ 好みの果物…適量

※（ ）内の分量は、皮などをとり除いた可食部の目安です。

主食

🍚炊飯器　おかゆを炊いて小分けする

7倍がゆ50g×12回

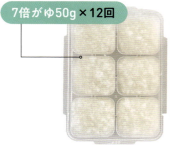

炊飯器に米1/2合強（100ml）と水700mlを入れ、かぼちゃをのせて（右ページ）、おかゆモードで炊く。1ブロック50mlのフリージング容器に50g×12回を入れる。

★量を食べる子は100mlのフリージング容器にしても（p.50）。

ゆるくてOK — 最初のうちはマッシャーで米粒を軽くつぶしてあげても

🍲鍋　うどんをゆでて刻む

マネする — うどんは初めての小麦製品なので少しずつふやします

うどん5g・うどん10g
うどん10g＋7倍がゆ30g
うどん20g＋7倍がゆ20g

ラクする — 大人うどんと同時ゆで！

ベビーうどん15g（または、ゆでうどん45gでもOK）をみそこし器に入れ、熱湯でやわらかくゆでる（右ページ）。キッチンばさみでみじん切りにする。
1ブロック15mlのフリージング容器に5gと10gを分け入れ、100mlのフリージング容器2つにうどん10g＋7倍がゆ30g、うどん20g＋7倍がゆ20gを入れる。

★2週目はベビーうどん25g（または、ゆでうどん70g）をゆでて刻み、100mlのフリージング容器に35g×2回を入れる。

1回目の単品野菜

- 小松菜10g ×4回
- 大根10g ×4回
- さつまいも10g ×3回
- かぼちゃ10g ×3回
- 昆布だし大さじ1 ×4回

ラクする 大人うどんもいっしょに！(p.47)

野菜と昆布だしをとり分けたあと、大人用のゆでうどん1袋と、みそこし器に入れたベビーうどん15gをいっしょに煮る。

🍲鍋 大根と小松菜を煮て、刻む

鍋に大根100g（皮をむきいちょう切り）、昆布細切り3本、水500mlを入れて火にかけ、煮立ったら小松菜70～80g（ざく切り）を加えてやわらかくなるまで15分ほど煮る。小松菜と大根各40gをとり分ける。
昆布だしは1ブロック15mlのフリージング容器に4ブロック分入れる。

小松菜と大根にラップをかけ、少しおいて余熱でやわらかくする。

それぞれみじん切りにし、1ブロック15mlのフリージング容器に10g×4回ずつ入れる。

🔲レンジ さつまいもを加熱してつぶす

耐熱容器にさつまいも30g（皮をむき4等分）と水大さじ1を入れ、ラップをかけて電子レンジ（600W）で1分30秒～2分加熱する。やけどに注意して湯をきり、つぶす。1ブロック15mlのフリージング容器に10g×3回を入れる。

ゆるくてOK
レンチンと炊飯器は好みでどっちでもいいです

🍚炊飯器 かぼちゃを加熱してつぶす

耐熱容器にかぼちゃ1かけを入れ、7倍がゆといっしょに炊く。やけどに注意して湯をきり、皮を除いてつぶす。1ブロック15mlのフリージング容器に10g×3回を入れる。

2回目の野菜MIX

ラクする
多めに作って、大人のみそ汁やスープにしてもラク

にんじん・キャベツ・玉ねぎMIX20g×7回

🍲鍋 野菜をやわらかく煮る

 ▶

鍋ににんじん50g（皮をむき一口大に切る）と玉ねぎ50g、かぶるくらいの水を入れて火にかけ、煮立ったらキャベツ50gを加え、15分ほど煮る。火を止め、ふたをしてあら熱をとる。

🌀チョッパー チョッパーでみじん切り

 ▶

みじん切りチョッパーでみじん切りにする。1ブロック25mlのフリージング容器に20g×7回を入れる。

たんぱく質食材

ラクする
ビニール手袋をしてほぐしながら骨をとるのもラク！

生鮭5g×1回
生鮭10g×3回
しらす干し10g×4回

🔲レンジ 生鮭を加熱してほぐす

 ▶

耐熱容器に生鮭1/2切れと水大さじ1を入れ、ラップをかけて電子レンジ（600W）で40秒〜1分加熱する。やけどに注意して湯をきり、皮と骨を除いてほぐす。1ブロック25mlのフリージング容器に5g×1回、10g×3回を入れる。

★2週目は10g×4回でOK。

お湯 しらす干しを塩抜きして刻む

 ▶

耐熱容器にしらす干し40gと湯200mlを入れて5分おき、みそこし器に上げて湯をきる。キッチンばさみでこまかく刻む。1ブロック25mlのフリージング容器に10g×4回を入れる。

週末フリージングのポイント
ゆるくてOK

ぜんぶがんばらなくても自分のペースで！

- ☑ **さつまいも、かぼちゃ**はフレークでもOK
- ☑ **しらす干し**は月曜に下ごしらえOK
- ☑ **生鮭**は水曜に下ごしらえOK

さつまいもやかぼちゃは、フレークが便利。

時間に余裕がないときは、週末フリージングは主食と野菜MIXだけにしても！単品野菜は、ベビーフードの素材モノや、大人のみそ汁の野菜などを使ってかまいません。しらす干しは月曜日に、生鮭は水曜日に、夕食作りのついでに追加でフリージングしちゃいましょう。

ついでに 大人ごはん

ゆるくてOK 鶏肉や魚、豆腐でも。家にあるもの入れちゃって！

ゆるくてOK 七味を振るのもよし！

p.45の煮込みうどんの続き！
豚バラ大根の煮込みうどん

作り方（大人1人分）

1. p.45で大根、小松菜、大人用のゆでうどんを煮た鍋に、一口大に切った豚バラ薄切り肉50gを加えて煮る。
2. 火が通ったら、めんつゆ（3倍濃縮）大さじ2で味をととのえる。

切り身2切れパックを買ったら、1.5切れは大人用
鮭のガリバタ野菜いため

作り方（大人2人分）

1. 生鮭の余り（1と1/2切れ）は一口大に切り、塩・こしょう各少々を振り、米粉（または小麦粉）をまぶす。キャベツ5枚、小松菜1株はざく切りにする。
2. フライパンにバター10gを熱し、鮭の両面を軽く焼いたら、キャベツ、小松菜を加えてこんがりといためる。
3. にんにくチューブ1～2cm、しょうゆ適量で調味する。

7カ月ごろ 3・4週目
モグモグ期 前半 後半

マネしてラクする 1週間献立カレンダー

1回目でパン、まぐろをスタート。大豆製品は粒のこまかいひき割りの納豆を試しましょう。まぐろなどの赤身の魚、納豆は、たんぱく質だけでなく、鉄も多くとれるのでおすすめです。全卵を1・2週目で試してクリアできたら、3・4週目はフリージングに加えてみましょう。

- 🟢 フリージング食材（p.50〜52で下ごしらえ）
- 🔴 常備食材（家に買いおきしておくもの）

※フリージング食材は耐熱容器に入れ、ラップをかけて電子レンジへ。
※電子レンジの加熱時間は600Wの目安。様子を見てかげんしてください。
※加熱後は、まぜながら食べさせてください。
※初めての食品を食べたあとは、体調の変化に気をつけてください。

月

ゆるくてOK
1回目は単品の組み合わせを自由に！

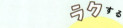
ラクする
2回目はおかゆ＋野菜MIXに固定！

1回目
- 🟢 7倍がゆ70g p.50
- 🟢 にんじん10g p.51
- 🟢 まぐろ5g p.52

7倍がゆとにんじんを合わせて電子レンジで1分〜1分30秒加熱し、まぜる。まぐろを20〜30秒加熱し、のせる。

NEW まぐろ

- 🟢 白菜10g p.51
- 🟢 野菜スープ大さじ1 p.51
- 🔴 ひき割り納豆5g

合わせて電子レンジで50秒加熱する。好みでとろみをつける（p.15）。
★納豆は消化しやすいように、最初は加熱して。食べにくい場合はつぶしてあげましょう。

2回目
- 🟢 7倍がゆ70g p.50
- 🟢 野菜MIX20g p.51
- 🔴 ひき割り納豆10g

7倍がゆと野菜MIXを電子レンジで2分加熱し、まぜる。納豆を10〜20秒加熱し、のせる。

★面倒だったら全部まとめてチンでOK!

火

1回目
- 🟢 パンがゆ1回分 p.50
- 🟢 トマト10g p.51
- 🟢 まぐろ10g p.52

合わせて電子レンジで2分加熱する。

NEW 食パン

- 🟢 白菜10g p.51
- 🔴 ミルク20ml

白菜を電子レンジで20〜30秒加熱する。ミルク（粉ミルクを規定量の湯でといたもの）をまぜる。好みでとろみをつける（p.15）。
ミルクのかわりに野菜スープでもOK！

2回目
- 🟢 7倍がゆ70g p.50
- 🟢 野菜MIX20g p.51
- 🔴 ひき割り納豆10g
- 🔴 青のり少々

7倍がゆと野菜MIXを電子レンジで2分加熱し、まぜる。納豆を10〜20秒加熱してのせ、青のりを振る。

水

1回目
- 🟢 パンがゆ1回分 p.50
- 🔴 ミルク20ml

パンがゆを電子レンジで1分〜1分30秒加熱する。ミルク（粉ミルクを規定量の湯でといたもの）をまぜる。

- 🟢 ブロッコリー10g p.51
- 🟢 じゃがいも10g p.51
- 🟢 野菜スープ大さじ1 p.51

合わせて電子レンジで50秒加熱する。好みでとろみをつける（p.15）。

- 🔴 ヨーグルト大さじ2
- 🔴 きな粉小さじ1/2

ヨーグルトに好みできな粉をのせる。まぜながら食べさせる。

2回目
- 🟢 7倍がゆ70g p.50
- 🟢 野菜MIX20g p.51
- 🟢 鯛10g p.52

7倍がゆと野菜MIXを電子レンジで2分加熱し、まぜる。鯛を20〜30秒加熱し、のせる。

木

1回目

- 7倍がゆ70g　p.50
- 白菜10g　p.51
- 鯛10g　p.52

合わせて電子レンジで2分加熱する。

- にんじん10g　p.51
- じゃがいも10g　p.51
- 青のり少々

にんじんとじゃがいもを電子レンジで30〜40秒加熱し、まぜる。青のりを振る。

2回目

- 7倍がゆ70g　p.50
- 野菜MIX20g　p.51
- まぐろ10g　p.52

7倍がゆと野菜MIXを電子レンジで2分加熱し、まぜる。まぐろを20〜30秒加熱し、のせる。

金

1回目

- 7倍がゆ70g　p.50
- トマト10g　p.51
- ブロッコリー10g　p.51
- 卵1/3個　p.52

7倍がゆ、トマト、ブロッコリーを合わせて電子レンジで2分加熱し、まぜる。卵を30〜40秒加熱し、のせる。

- 好みの果物（みかん）5g

薄皮をむき、刻んで電子レンジで20秒加熱する。

2回目

- 7倍がゆ70g　p.50
- 野菜MIX20g　p.51
- 鯛10g　p.52

7倍がゆと野菜MIXを電子レンジで2分加熱し、まぜる。鯛を20〜30秒加熱し、のせる。

土

1回目

- 7倍がゆ70g　p.50
- とうもろこしフレーク1g　p.53
- 青のり少々

7倍がゆを電子レンジで1分〜1分30秒加熱し、好みでとうもろこしフレークをまぜる。青のりを振る（顔を描いても！）。

- じゃがいも10g　p.51
- トマト10g　p.51
- 野菜スープ大さじ1　p.51
- 鯛10g　p.52

じゃがいもを電子レンジで20〜30秒加熱する。トマト、野菜スープ、鯛を50秒加熱し、好みでとろみをつけて（p.15）のせる。青のりで目を描いても♪

2回目

- パンがゆ1回分　p.50
- 野菜MIX20g　p.51
- 卵1/3個　p.52

パンがゆと野菜MIXを電子レンジで2分加熱し、まぜる。卵を30〜40秒加熱し、のせる。

日

1回目

1回目

- パンがゆ1回分　p.50
- にんじん10g　p.51
- 好みの果物（バナナ）5g

パンがゆとにんじんを合わせて電子レンジで1分〜1分30秒加熱する。刻んだバナナをのせる。

- ブロッコリー10g　p.51
- まぐろ10g　p.52
- 野菜スープ大さじ1　p.51

合わせて電子レンジで50秒加熱する。好みでとろみをつける（p.15）。

2回目

- 7倍がゆ70g　p.50
- 野菜MIX20g　p.51
- 卵1/3個　p.52

7倍がゆと野菜MIXを電子レンジで2分加熱し、まぜる。卵を30〜40秒加熱し、のせる。

モグモグ期

1週間作りおきフリージング

7カ月ごろ 3・4週目 モグモグ期 前半 後半

\ 食べるときにチン！ /

3週目で5gから試すまぐろは、4週目では10gずつにしてかまいません。
また、4週目は3週目とは違う食材に変えて、アレンジしてもOKです。
離乳食用に買い物した食材は、大人の料理も作って使い切りましょう（大人ごはんはp.53）。

※食材の下ごしらえは少し多めにできるので、大人が食べるか、予備としてフリージングしてください。

1週間分の買い物リスト

フリージング食材

- □ 米…1/2合強（100ml）〜3/4合（135ml）
- □【NEW】食パン…6枚切り1枚（約60g）
- □ にんじん…大1/2本（90g）
- □ 玉ねぎ…1/3個（70g）
- □ じゃがいも…1/4個（30g）
- □ 白菜（葉先）…5〜6枚（30g）
- □ ブロッコリー…4房（30g）
- □ いんげん…3本（20g）
- □ トマト…1個（使うのは30g）
- □【NEW】まぐろ…刺し身4切れ（35g）（4週目は40g）
- □ 鯛…刺し身4切れ（40g）
- □ 卵…1個

ラクする：刺し身の盛り合わせをチョイス

マネする：最初はなるべく粒のこまかいものを

常備食材

- □ ひき割り納豆…1パック（30g）
- □ プレーンヨーグルト…25g
- □ きな粉…適量
- □ 青のり…適量
- □ とうもろこしフレーク…適量
- □ 粉ミルク…適量
- □ 好みの果物…適量

※（　）内の分量は、皮などをとり除いた可食部の目安量です。

主食

🍚 おかゆを炊いて小分けする

7倍がゆ70g×10回

ゆるくてOK：100mlの容器に小分け。週2〜3回に分けて炊いても！

炊飯器に米1/2合強（100ml）と水700mlを入れ、おかゆモードで炊く。100mlのフリージング容器に70g×10回を入れる。好みで5倍がゆにしてもOK。

🍲 パンがゆを作る

パンがゆ60g×4回

マネする：乳・卵・小麦を試していればパンは全量からスタートしてOK

ゆるくてOK：やわらかめが好きな子は耳を除いても

食パン6枚切り1枚を手でこまかくちぎって鍋に入れ、水200mlを加えてくたくたにやわらかくなるまで煮る。マッシャーでつぶし、100mlのフリージング容器4つに分け入れる。

1回目の単品野菜 + 2回目の野菜MIX

ラクする
1回目と2回目の野菜をまとめゆで！

6種類の野菜をまとめてゆで、刻む

- 白菜10g×3回
- トマト10g×3回（下ごしらえはp.52。）
- ブロッコリー10g×3回
- じゃがいも10g×3回
- にんじん10g×3回
- 野菜スープ大さじ1×6回

鍋ににんじん90g（皮をむきいちょう切り）、じゃがいも30g（皮をむき一口大）、玉ねぎ70g（皮をむきくし形切り）、水600mlを入れて火にかけ、5分ほど煮る。
白菜葉先5〜6枚、ブロッコリー4房、いんげん3本（2等分）を加え、10分ほど煮る。

やわらかくなった順にとり出し、あら熱をとる。
野菜スープは冷凍したり（下）、かたさ調節にも活用して！

ブロッコリーはキッチンばさみで穂先をそぎとる。白菜は包丁で刻む。にんじん30g（残りは野菜MIXで使う）、じゃがいもはマッシャーでつぶす。それぞれ1ブロック15mlのフリージング容器に10g×3回ずつ入れる。

マネする
スープは茶こしでこしても

野菜スープは1ブロック15mlのフリージング容器に入れる。余ったら水分として献立に添えても！

3種類の野菜をみじん切り

- にんじん・玉ねぎ・いんげんMIX20g×7回

みじん切りチョッパーににんじんの残り、玉ねぎ、いんげんを入れ、みじん切りにする。1ブロック25mlのフリージング容器に20g×7回を入れる。大きいかたまりが残っていたら、キッチンばさみで切ると◎。

1回目の単品野菜 + 2回目の野菜MIX

 トマトは湯むきしてつぶす

ラクする
ポットの湯がラク！あれば使って

トマト1個は耐熱ボウルに入れ、トマトの2/3の高さまで湯を注ぐ。30秒ほどで上下を返し、さらに30秒ひたす。冷水にとり、皮をむく。

横半分に切り、種を除く。1/4個をマッシャーでつぶし、1ブロック15mlのフリージング容器に10g×3回を入れる（p.51）。

たんぱく質食材

まぐろ5g×1回
まぐろ10g×3回
鯛10g×4回
卵1/3個×3回

卵は薄焼きにしてみじん切り

 **鯛・まぐろ**は粉をまぶしてゆで、ほぐす

マネする
魚はかたくり粉をまぶすと食べやすい

鯛・まぐろの刺し身各4切れは、それぞれかたくり粉をまぶし、熱湯でゆでる。

フォークでこまかくほぐし、1ブロック25mlのフリージング容器に鯛は10g×4回、まぐろは5g×1回と10g×3回を入れる。★4週目はまぐろも10g×4回でOK。

卵1個は割りほぐし、フライパンや卵焼き器で薄く焼く。みじん切りチョッパー（または包丁）でみじん切りにし、1ブロック50mlのフリージング容器に3等分して入れる。

ゆるくてOK
週末フリージングのポイント

- ☑ おかゆは2〜3日分ずつ炊いてもOK
- ☑ 卵は木曜に下ごしらえOK

おかゆ用の容器は、いきなり10個そろえるのも大変ですし、スペースもとるので、2〜3日分ずつ炊いてもかまいません。ごはんから鍋で炊いたり、炊飯器で半量ずつ炊くのがラク！（p.14）白菜のかわりにキャベツなど、野菜も家にあるものにチェンジOKです。

ラクする
アレンジのコツ

とうもろこしフレークをプラス

ミルクをプラス

おかゆやパンがゆは、好みで野菜フレークやミルクを足すと、アレンジができます。甘みが加わるので食欲アップになるかも！

ついでに 大人ごはん

ゆるくてOK
トマトは種があってもOK

湯むきしたトマトの残りを使い切り！
トマトとツナのスパサラ

作り方（大人2人分）
1. 湯むきしたトマト（3/4個）ときゅうり1/4本は角切りに。早ゆでパスタ15gは袋の表示どおりにゆで、水にさらしてよく水けをきる。
2. 1とツナ缶1/4缶（油・食塩不使用）、オリーブ油大さじ1、塩ふたつまみ、あらびき黒こしょう・レモン汁各少々をあえる。

ラクする
にん・玉・じゃがが余ったら、カレーかシチューがラク！

シチューの作り方はp.80

マネしてラクする 1週間献立カレンダー

8カ月ごろ 1・2週目
モグモグ期
前半 後半

1回目で鶏ささ身、たらをスタート。かつお節でとるだしのうまみも活用しましょう!
おかゆは7倍がゆに慣れたら5倍がゆにして、80gまで食べられます。
野菜はかぶやオクラが初登場。栄養豊かなので、やわらかく加熱して刻んで、ぜひ使ってみて。

- ● フリージング食材（p.56〜58で下ごしらえ）
- ● 常備食材（家に買いおきしておくもの）

※フリージング食材は耐熱容器に入れ、ラップをかけて電子レンジへ。
※電子レンジの加熱時間は600Wの目安。様子を見てかげんしてください。
※加熱後は、まぜながら食べさせてください。
※初めての食品を食べたあとは、体調の変化に気をつけてください。

ゆるくてOK
1回目は単品の組み合わせを自由に！

ラクする
2回目はおかゆ・卵うどん＋野菜MIXに固定！

月

1回目
- ● 5倍がゆ80g p.56
- ● かつおだし大さじ1 p.57
- ● にんじん15g p.57

5倍がゆとかつおだしを合わせて電子レンジで2分加熱し、まぜる。にんじんを30秒加熱し、のせる。

- ● かぶの実と葉15g p.57
- ● ひき割り納豆15g

かぶの実と葉を電子レンジで30秒加熱する。納豆をまぜる。
★納豆は食べ慣れたら加熱しないで与えてOK。

2回目

- ● 卵うどん1回分 p.56
- ● かつおだし大さじ3 p.57
- ● 野菜MIX30g p.57

合わせて電子レンジで2分30秒〜3分加熱し、まぜる。

★面倒だったら全部まとめてチンでOK!

火

NEW 真たら

1回目
- ● 5倍がゆ80g p.56
- ● かぶの実と葉15g p.57
- ● 真たら5g p.58

合わせて電子レンジで2分加熱する。

- ● さつまいも15g p.57
- ● ヨーグルト大さじ2

さつまいもを電子レンジで30秒加熱する。ヨーグルトをまぜる。

2回目

- ● 5倍がゆ80g p.56
- ● 野菜MIX30g p.57
- ● ひき割り納豆15g

5倍がゆと野菜MIXを電子レンジで2分〜2分30秒加熱し、まぜる。納豆をのせる。

水

1回目
- ● 5倍がゆ80g p.56
- ● 真たら10g p.58

合わせて電子レンジで2分加熱する。

- ● にんじん15g p.57
- ● オクラ10g p.58

合わせて電子レンジで40秒加熱する。

- ● 好みの果物（バナナ）5g

ちぎって器に盛り、食べやすいようスプーンで軽くつぶす。

2回目

- ● 卵うどん1回分 p.56
- ● かつおだし大さじ3 p.57
- ● 野菜MIX30g p.57
- ● 青のり少々

合わせて電子レンジで2分30秒〜3分加熱し、まぜる。青のりを振る。

木

NEW 鶏ささ身

1回目
- 5倍がゆ80g　p.56
- オクラ10g　p.58
- 納豆5g

5倍がゆを電子レンジで2分加熱する。オクラを20～30秒加熱してのせ、納豆をのせる。

- さつまいも15g　p.57
- 鶏ささ身5g　p.58

合わせて電子レンジで30～40秒加熱する。

2回目
- 5倍がゆ80g　p.56
- 野菜MIX30g　p.57
- 真たら15g　p.58

5倍がゆと野菜MIXを電子レンジで2分～2分30秒加熱し、まぜる。真たらを30秒加熱し、のせる。

金

1回目
- 5倍がゆ80g　p.56
- にんじん15g　p.57
- 鶏ささ身10g　p.58

合わせて電子レンジで2分～2分30秒加熱する。

- かぶの実15g　p.57
- かつおだし大さじ1　p.57
- 青のり少々

かぶの実とかつおだしを電子レンジで40～50秒加熱する。好みでとろみをつけ(p.15)、青のりを振る。

2回目
- 5倍がゆ80g　p.56
- 野菜MIX30g　p.57
- ひき割り納豆10g

5倍がゆと野菜MIXを電子レンジで2分～2分30秒加熱し、まぜる。納豆をのせる。

- ヨーグルト大さじ1
- 好みの果物（バナナ）5g

ヨーグルトに刻んだバナナをのせる。
好みでデザートを添える日があっても！

土

1回目
- 卵うどん1回分　p.56
- かつおだし大さじ3　p.57

合わせて電子レンジで2分30秒加熱し、まぜる。

- かぶの実15g　p.57
- オクラ10g　p.58

合わせて電子レンジで40秒加熱する。

2回目
- 5倍がゆ80g　p.56
- 野菜MIX30g　p.57
- 鶏ささ身15g　p.58

5倍がゆと野菜MIXを電子レンジで2分～2分30秒加熱し、まぜる。鶏ささ身を30秒加熱し、のせる。

日

1回目
- 5倍がゆ80g　p.56
- オクラ10g　p.58
- 鶏ささ身15g　p.58

合わせて電子レンジで2分～2分30秒加熱する。

- さつまいも15g　p.57
- ミルク20～40ml
- きな粉少々

さつまいもを電子レンジで30秒加熱する。ミルク（粉ミルクを規定量の湯でといたもの）、好みできな粉をまぜる。

2回目
- 5倍がゆ80g　p.56
- 野菜MIX30g　p.57
- 真たら15g　p.58

5倍がゆと野菜MIXを電子レンジで2分～2分30秒加熱し、まぜる。真たらを30秒加熱し、のせる。

モグモグ期

8カ月ごろ 1・2週目
モグモグ期
前半 後半

＼食べるときにチン！／
1週間作りおきフリージング

1週目で5gから試す鶏ささ身と真たらは、2週目では15gずつにしてかまいません。
また、2週目は1週目とは違う食材に変えて、アレンジしてもOKです。
離乳食用に買い物した食材は、大人の料理も作って使いきりましょう（大人ごはんはp.59）。

※食材の下ごしらえは少し多めにできるので、大人が食べるか、予備としてフリージングしてください。

✓ 1週間分の買い物リスト

フリージング食材

- ☐ 米…1合（180ml）
- ☐ ベビーうどん（乾めん）…40g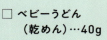
- ☐ にんじん…小1本（120g）
- ☐ 玉ねぎ…1/2個（100g）
- ☐ かぶの実…1個（75g）
- ☐ かぶの葉…6枚（20g）
- ☐ さつまいも…1/4本（45g）
- ☐ オクラ…5本（40g）
- **NEW** ☐ 鶏ささ身…1本（45g）（2週目は60g）
- **NEW** ☐ 真たら…1/2切れ（45g）（2週目は60g）
- ☐ 卵…1個
- ☐ かつおだしパック（食塩不使用）…1個

常備食材

- ☐ ひき割り納豆…1パック強（45g）
- ☐ プレーンヨーグルト…適量
- ☐ きな粉…適量
- ☐ 青のり…適量
- ☐ 粉ミルク…適量
- ☐ 好みの果物…適量

※（ ）内の分量は、皮などをとり除いた可食部の目安量です。

ラクする
短く切れているベビーうどんがラク！

主食

 おかゆを炊いて小分けする

5倍がゆ80g×11回

ゆるくてOK
100mlの容器に小分け。週2〜3回に分けて炊いても！

炊飯器に米1合（180ml）と水900mlを入れ、おかゆモードで炊く。100mlのフリージング容器に80g×11回を入れる（分量はお子さんに合わせて調整してください）。

 卵うどんを作る

卵うどん90g×3回

ラクする
たんぱく質も同時にとれる♡

鍋にベビーうどん40g、水400mlを入れて火にかけ、6分ほど煮る。卵1個を割りほぐして回し入れ、火が通ったらマッシャーでつぶす。100mlのフリージング容器3つに90gくらいずつ分け入れる。

1回目の単品野菜 + 2回目の野菜MIX

- かぶの実15g×2回
- かぶの実と葉15g×2回
- さつまいも15g×3回
- にんじん15g×3回
- かつおだし大さじ1×2回
  だしのとり方はp.15

ラクする
先にオクラ（次ページ）をゆでておくとスムーズ

 4種類の野菜をまとめてゆで、刻む

鍋ににんじん120g（皮をむきいちょう切り）、玉ねぎ100g（皮をむきくし形切り）、さつまいも45g（皮をむき半月切り）、水600mlを入れて火にかけ、10分ほど煮る。

かぶの実75g（皮をむきいちょう切り）とかぶの葉20g（ざく切り）を加え、5分ほど煮る。火を止め、ふたをしてあら熱をとる。

かぶの実と葉をとり出す。実はスプーンなどでつぶし、1ブロック15mlのフリージング容器に15g×2回を入れる。残ったかぶの実と葉のうち、半量は野菜MIX用にとっておく。残りの半量はキッチンばさみで刻み、15g×2回を入れる。

ゆるくてOK
実と葉をまぜると食べやすい！

さつまいもをとり出し、マッシャーでつぶす。1ブロック15mlのフリージング容器に15g×3回を入れる。

- にんじん・玉ねぎ・かぶMIX30g×7回
- かつおだし大さじ3×3回
  だしのとり方はp.15

 **3種類の野菜をみじん切り**

マネする
にんじん単体を先に刻む！

みじん切りチョッパーににんじんを入れ、みじん切りにして1ブロック15mlのフリージング容器に15g×3回を入れる。

にんじんの残りに玉ねぎ、かぶの実と葉を足し、みじん切りにし、1ブロック50mlのフリージング容器に30g×7回を入れる。

モグモグ期

1回目の単品野菜 + 2回目の野菜MIX

🍳鍋 チョッパー **オクラ**をゆでてみじん切り

ゆるくてOK
ねばねばで
かさが増すので
15mlブロックに
10gくらい

ラクする
ネットに
入れたまま
板ずりがラク!

オクラ5本は塩を振って板ずりする。ガクを除いて縦半分に切り、スプーンで種をそぎとる。

鍋に湯を沸かし、オクラを入れて5分ほどゆでる。みじん切りチョッパーでみじん切りにし、1ブロック15mlのフリージング容器に10g×4回を入れる。

オクラ10g×4回

たんぱく質食材

鶏ささ身5g×1回
鶏ささ身10g×1回
鶏ささ身15g×2回

真たら5g×1回
真たら10g×1回
真たら15g×2回

レンジ 真たらはレンチンしてほぐす

ラクする
フォークと
もんじゃヘラの
二刀流!

耐熱容器に真たら1/2切れ、水小さじ1を入れ、ラップをかけて電子レンジ(600W)で1分～1分30秒加熱する。フォークともんじゃヘラを使い、骨と皮を除いてほぐし、1ブロック15mlのフリージング容器に5g×1回、10g×1回、15g×2回を入れる。
★2週目は15g×4回でOK。

🍳鍋 チョッパー **鶏ささ身**は粉をまぶしてゆで、みじん切り

ラクする
ゆでてから
手で筋を
とるとラク

鶏ささ身1本はかたくり粉をまぶし、野菜をとり出したp.57の鍋(または熱湯)に入れ、弱火で2分ゆでる。火を止め、ふたをして10分おく。

ビニール手袋をした手でほぐしながら筋をとり、みじん切りチョッパーでみじん切りにする。1ブロック15mlのフリージング容器に5g×1回、10g×1回、15g×2回を入れる。
★2週目は15g×4回でOK。

ゆるくてOK
週末フリージングのポイント

- ☑ **おかゆ**は2〜3日分ずつ炊いてもOK
- ☑ **真たら**は月曜に下ごしらえOK
- ☑ **鶏ささ身**は水曜に下ごしらえOK

真たらと鶏ささ身は、週の途中で買い足してもOK。1パック買って余ったら、大人の料理に活用を！ かぶの実は早く火が通り、やわらかいのでモグモグ期向きです。かぶの葉は青菜として使えます。かぶがなければ、大根と小松菜などにチェンジしてもOK。

ラクする
アレンジのコツ

かつおだしをうどんの汁に！

かつおだしのとり方はp.15。大人のみそ汁を作るついでに、だしパックでとってもいいし、かつお節でとっても。お好みで♪

ついでに 大人ごはん

残った1.5切れのたらをレンチン！
たらのキムチ煮

作り方
1. 真たら1.5切れはしっかりめに塩を振り、5分おいてキッチンペーパーで水けをふく。耐熱容器に好みの野菜（もやし、きのこなど）50gを敷き、たら、白菜キムチ40〜50gの順にのせ、酒少々、しょうゆ大さじ1/2をかけ、ごま油を一回しする。
2. ふんわりとラップをかけ、電子レンジ（600W）で4分〜4分30秒加熱する。

ゆるくてOK 鶏ささ身を入れてもOK

同じ鍋に、野菜を足して煮ちゃおう！
根菜のポトフ

作り方
1. 離乳食の根菜を大人分も用意し（にんじん1本、玉ねぎ1/2個、かぶの実1個、さつまいも1/4本）、食べやすく切る。
2. 離乳食の野菜を煮たあとの汁を使い、水を足して600mlくらいにする。1と一口大に切ったベーコン2〜3枚、顆粒コンソメ小さじ2を入れて煮る。野菜がやわらかくなったら、塩、こしょう各適量で味をととのえる。かぶの葉は刻んでのせても。

8カ月ごろ 3・4週目
モグモグ期 前半 後半

マネしてラクする1週間献立カレンダー

1回目でツナをスタート。オートミールは栄養豊富ですが、消化に慣れない子もいるので最初はパンがゆにまぜましょう。パプリカはピーマンより肉厚で甘く、栄養価も高いです。なすも初登場！ 皮をむいてくたくたに煮て、舌でつぶせるやわらかさにします。

- ● フリージング食材（p.62〜64で下ごしらえ）
- ● 常備食材（家に買いおきしておくもの）

※フリージング食材は耐熱容器に入れ、ラップをかけて電子レンジへ。
※電子レンジの加熱時間は600Wの目安。様子を見てかげんしてください。
※加熱後は、まぜながら食べさせてください。
※初めての食品を食べたあとは、体調の変化に気をつけてください。

ゆるくてOK
1回目は単品の組み合わせを自由に！

ラクする
2回目はおかゆ・卵パンがゆ＋野菜MIXに固定！

月

1回目
- ● 5倍がゆ80g　p.62
- ● きな粉少々

5倍がゆを電子レンジで2分加熱する。きな粉を振り、まぜながら食べさせる。

- ● ブロッコリー15g　p.64
- ● 赤パプリカ15g　p.63
- ● 絹ごし豆腐40g

ブロッコリーと赤パプリカ、豆腐を電子レンジで1分〜1分30秒加熱し、まぜる。

2回目
- ● 5倍がゆ80g　p.62
- ● 野菜MIX30g　p.63
- ● 鶏ささ身15g　p.64

5倍がゆと野菜MIXを電子レンジで2分〜2分30秒加熱し、まぜる。鶏ささ身を30秒加熱し、のせる。

★面倒だったら全部まとめてチンでOK！

火

NEW ツナ

1回目
- ● 5倍がゆ80g　p.62
- ● かぼちゃ15g　p.64
- ● ツナ5g　p.64

5倍がゆ、かぼちゃを合わせて電子レンジで2分〜2分30秒加熱し、まぜる。ツナを電子レンジで20秒加熱し、のせる。

- ● 赤パプリカ15g　p.63
- ● りんご5g　p.64
- ● ヨーグルト大さじ1〜2

赤パプリカ、りんごを合わせて電子レンジで30〜40秒加熱する。ヨーグルトをまぜる。

2回目
- ● 5倍がゆ80g　p.62
- ● 野菜MIX30g　p.63
- ● 絹ごし豆腐40g

5倍がゆと野菜MIXを電子レンジで2分〜2分30秒加熱し、まぜる。豆腐を電子レンジで40秒加熱し、のせる。

水

1回目
- ● 5倍がゆ80g　p.62
- ● なす15g　p.63
- ● かぼちゃ15g　p.64

合わせて電子レンジで2分〜2分30秒加熱する。

- ● ツナ10g　p.64
- ● りんご5g　p.64
- ● ヨーグルト大さじ1〜2

ツナとりんごを合わせて電子レンジで30秒加熱し、まぜる。ヨーグルトにのせる。

2回目
- ● 5倍がゆ80g　p.62
- ● 野菜MIX30g　p.63
- ● 鶏ささ身15g　p.64
- ● トマトペースト少々　p.65

5倍がゆと野菜MIXを電子レンジで2分〜2分30秒加熱し、トマトペーストを加えてまぜる。鶏ささ身を30秒加熱し、のせる。

60

木

1回目
- 卵パンがゆ1回分　p.62
  （オートミール入り）
- ブロッコリー15g　p.64

合わせて電子レンジで2分加熱し、まぜる。

- なす15g　p.63
- 野菜スープ大さじ2　p.63

合わせて電子レンジで1分加熱する。好みでとろみをつける（p.15）。

2回目

- 5倍がゆ80g　p.62
- 野菜MIX30g　p.63
- 絹ごし豆腐40g

5倍がゆと野菜MIXを電子レンジで2分〜2分30秒加熱し、まぜる。豆腐を電子レンジで40秒加熱し、のせる。

金

1回目
- 卵パンがゆ1回分　p.62

電子レンジで2分加熱する。

- なす15g　p.63
- 赤パプリカ15g　p.63
- 野菜スープ大さじ2　p.63
- トマトペースト少々　p.65

なす、赤パプリカ、野菜スープを合わせて電子レンジで1分〜1分30秒加熱する。トマトペーストを加え、まぜる。好みでとろみをつける（p.15）。

2回目

- 5倍がゆ80g　p.62
- 野菜MIX30g　p.63
- ツナ15g　p.64

5倍がゆと野菜MIXを電子レンジで2分〜2分30秒加熱し、まぜる。ツナを30秒加熱し、のせる。

土

1回目
- 5倍がゆ80g　p.62
- 赤パプリカ15g　p.63
- 鶏ささ身15g　p.64

5倍がゆを電子レンジで2分加熱する。赤パプリカ、鶏ささ身はそれぞれ電子レンジで30秒ずつ加熱し、おかゆにのせる。

- ブロッコリー15g　p.64
- ミルク20ml

ブロッコリーを電子レンジで30秒加熱する。ミルク（粉ミルクを規定量の湯でといたもの）をまぜる。好みでとろみをつける（p.15）。
ミルクのかわりに野菜スープでもOK！

2回目

- 卵パンがゆ1回分　p.62
- 野菜MIX30g　p.63

卵パンがゆを電子レンジで2分加熱する。野菜MIXを電子レンジで40〜50秒加熱し、のせる。

日

1回目
- 5倍がゆ80g　p.62
- かぼちゃ15g　p.64

5倍がゆ、かぼちゃを合わせて電子レンジで2分〜2分30秒加熱し、まぜる。

- なす15g　p.63
- 鶏ささ身15g　p.64
- 野菜スープ大さじ2　p.63

合わせて電子レンジで1分〜1分30秒加熱する。好みでとろみをつける（p.15）。

2回目

- 5倍がゆ80g　p.62
- 野菜MIX30g　p.63
- ツナ15g　p.64
- トマトペースト少々　p.65

5倍がゆと野菜MIXを電子レンジで2分〜2分30秒加熱し、トマトペーストを加えてまぜる。ツナを30秒加熱し、のせる。

8カ月ごろ 3・4週目
モグモグ期 前半 後半

＼食べるときにチン！／
1週間作りおきフリージング

3週目で5gから試すツナは、4週目では15gずつにしてかまいません。また、4週目は3週目とは違う食材に変えて、アレンジしてもOKです。
離乳食用に買い物した食材は、大人の料理も作って使い切りましょう（大人ごはんはp.65）。

※食材の下ごしらえは少し多めにできるので、大人が食べるか、予備としてフリージングしてください。

✓ 1週間分の買い物リスト

フリージング食材

- ☐ 米…1合（180ml）
- ☐ 食パン…6枚切り4/5枚（45g）
- **NEW** ☐ オートミール…8g
- ☐ にんじん…小2/3本（80g）
- ☐ 玉ねぎ…小1/2個（80g）
- ☐ パプリカ（赤・黄合わせて）…1個（110g）
- ☐ なす…1個（60g）
- ☐ ブロッコリー…7〜8房（45g）
- ☐ かぼちゃ…3かけ（45g）
- ☐ りんご…1/8個（10g）
- **NEW** ☐ ツナ…1缶（45g）（4週目は60g）
- ☐ 鶏ささ身…大1本（60g）
- ☐ 卵…1個

常備食材

- ☐ 絹ごし豆腐…120g
- ☐ プレーンヨーグルト…大さじ2〜4
- ☐ 粉ミルク…少々
- ☐ きな粉…少々
- ☐ トマトペースト（p.65）…適量

※（ ）内の分量は、皮などをとり除いた可食部の目安量です。

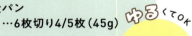

主食

🍚 炊飯器
おかゆを炊いて小分けする

ゆるくてOK
100mlの容器に小分け。週2〜3回に分けて炊いても！

5倍がゆ80g×11回

ゆるくてOK
パプリカは1種類でも！

炊飯器に米1合（180ml）と水900mlを入れ、おかゆモードで炊く。100mlのフリージング容器に80g×11回分を入れる（分量はお子さんに合わせて調整してください）。

マネする
ツナ缶は食塩・オイル不使用を選ぶ

🍳 鍋
卵パンがゆを作る

ラクする
たんぱく質も同時にとれる♡

卵パンがゆ85g×3回

食パン6枚切り4/5枚を手でこまかくちぎって鍋に入れ、オートミール8gも入れる。水200mlを加えて火にかけ、弱火で3分ほど煮る。卵1個を割りほぐして回し入れ、よくまぜながら火を通す。100mlのフリージング容器3つに分け入れる。

1回目の単品野菜 + 2回目の野菜MIX

にんじん・玉ねぎ・
パプリカMIX30g×7回

野菜スープ大さじ2×4回

野菜をとり出したあとの鍋から小分け

鍋 4種類の野菜を煮る

にんじん80g（皮をむきざく切り）、玉ねぎ80g（皮をむき2等分）。

パプリカは赤と黄を合わせて110g（へたと種を除き、2等分）。

なす60g（皮をむき輪切り）は水にさらしてアクを抜く。

ラクする

加熱後は皮がするっとむける！

鍋ににんじん、玉ねぎ、水400〜600mlを入れて火にかける。煮立ったらなす、パプリカを加え、やわらかくなるまで10〜15分煮る（煮汁はとっておく）。

パプリカはとり出して水にとって冷まし、皮をむく。

なす15g×4回

ココに入れる(p.64)

なすはやわらかくなったらとり出し、もんじゃヘラやマッシャーでつぶす。1ブロック15mlのフリージング容器に15g×4回を入れる。

チョッパー 赤パプリカをみじん切り

みじん切りチョッパーに皮をむいた赤パプリカを入れ、みじん切りにする。1ブロック15mlのフリージング容器に15g×4回を入れる。

赤パプリカ15g×4回

ココに入れる(p.64)

チョッパー 3種類の野菜をみじん切り

みじん切りチョッパーに皮をむいた黄パプリカ、にんじん、玉ねぎを入れ、みじん切りにする。1ブロック50mlのフリージング容器に30g×7回を入れる。

モグモグ期

1回目の単品野菜 + 2回目の野菜MIX

- ブロッコリー15g×3回
- かぼちゃ15g×3回
- 赤パプリカ15g×4回
  下ごしらえはp.63。
- りんご5g×2回

マネする
りんごはやわらかく加熱して！

🍲 ブロッコリーをゆでて刻む

ブロッコリー7〜8房は熱湯でやわらかくゆで、キッチンばさみで穂先をそぎとる。1ブロック15mlのフリージング容器に15g×3回を入れる。

レンジ かぼちゃを加熱してつぶす

耐熱容器にかぼちゃ3かけと水大さじ1を入れ、ラップをかけて電子レンジ（600W）で1分加熱し、返してさらに1分加熱する。皮を除いてつぶし、1ブロック15mlのフリージング容器に15g×3回を入れる。

レンジ りんごを加熱してつぶす

耐熱容器にりんご1/8個（皮をむく）と水大さじ1を入れ、ラップをかけて電子レンジ（600W）で1分〜1分30秒加熱する。ラップをしたままあら熱をとり、もんじゃヘラでつぶし、1ブロック15mlのフリージング容器に5g×2回を入れる。

- なす15g×4回
  下ごしらえはp.63。
- ツナ5g×1回
- ツナ10g×1回
- ツナ15g×2回
- 鶏ささ身15g×4回

たんぱく質食材

🍲 チョッパー 鶏ささ身はゆでてみじん切り

鶏ささ身1本はp.58と同様にかたくり粉をまぶし、p.63で野菜を煮た鍋（または熱湯）に入れてゆでる。筋をとってみじん切りにし、1ブロック15mlのフリージング容器に15g×4回を入れる。

ツナはほぐす

ツナは大きいかたまりをフォークでこまかくほぐし、1ブロック15mlのフリージング容器に5g×1回、10g×1回、15g×2回を入れる。
★4週目は15g×4回でOK。

ラクする
ツナは調理なしでそのまま♡

ゆるくてOK
週末フリージングのポイント

- ☑ おかゆは2〜3日分ずつ炊いてもOK
- ☑ ツナは月曜に下ごしらえOK
- ☑ 卵パンがゆは水曜に下ごしらえOK

ツナ缶のストックがあれば、魚の栄養をさっと足せるから便利♪ パンがゆは、週後半で作ってもOKです。全部週末にがんばるか、途中で追加するか、気力や冷凍スペースに合わせて調整してみて！（わが家は冷凍室が小さいので、おかゆは2回に分けて炊いていました）

ラクする
アレンジのコツ

トマトペーストをプラス

トマトケチャップは塩分が含まれるので、トマトを濃縮したトマトペーストをごく少量使うのがおすすめ。色も鮮やかに！

ついでに 大人ごはん

カラフル野菜と鶏ささ身をトマト煮に！
ラタトゥイユ

鶏ささ身でなくツナを入れてもOK！

作り方

離乳食の野菜を大人分も用意する（にんじん小1/3本、玉ねぎ小1/2個、なす1個、パプリカ1個）。野菜と鶏ささ身1本は、すべて一口大に切る。

にんじんは、離乳食で野菜を煮た鍋に入れ、残った煮汁でやわらかくなるまで煮る（または、離乳食といっしょにゆでておくとラク）。フライパンにオリーブ油大さじ1、おろしにんにく小さじ1、その他の野菜とささ身を入れ、いためる。

にんじんと残った煮汁、カットトマト1パック、塩小さじ1/2を加え、ふたをして10分ほど煮る。塩、こしょうで味をととのえる。

モグモグ期

column

izumiの3人子育て
モグモグ期を振り返って

スロースタートだった2人目、3人目も、着々と量をふやしてモグモグ期へ。
白いおかゆが苦手なのは、3人とも同じだったな…きょうだいだから!?

1人目

息子は相変わらず
食欲旺盛!
よく食べて完食☆

7カ月のころ

卵黄を
お試し中

7カ月のころ

このときは卵黄が7カ月〜でした。おかゆは、にんじん・小松菜・トマトペーストで雪だるまに。1人目は余裕があって、手の込んだお絵描きしてました。

クリスマスメニュー

2人目

2人目から
2回目を固定化!
夫にも覚えやすくてよかった

8カ月のころ

「おかゆ＋野菜MIX＋たんぱく質」の固定メニューにしたことで、夫でも覚えて作れるように! 単品だと、洗い物もラク〜。

待ってほしいときは
コレでだいぶ
時間稼ぎできる!

みんなのおやつの時間、必死に手を伸ばしてくる! そんなときは「くちどけおこめぼー」をしゃぶってもらってしのいでいました。

じわじわとけるのが
いい感じ♡

3人目

7カ月のころ

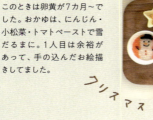

お姉ちゃんの
ひな祭りに
便乗して

これは
娘のとき

お祝いプレート

にんじんがゆ、白がゆ、青のりがゆを重ねた「ひしもち風がゆ」。男の子だけど、お姉ちゃんのときと同じメニューに!

ひしもち風がゆの作り方

幼児用ジュースパックはよく洗って上下を切り、ひし形に。青のりがゆ15gを入れて冷凍し、次に白がゆ15gを入れて冷凍、最後ににんじんがゆを入れて冷凍する。

かたまったら、パックをはがす。電子レンジでそっと加熱すれば、崩れずに完成!

9〜11カ月ごろ
カミカミ期
のフリージング献立

いよいよ大人と同じ、3回食です!
自分で食べたい意欲も出てきて、喜ばしいことなのだけれど、
あと片づけまで大変だなぁと感じることがふえるかも。
この本では、組み合わせを楽しむのは1回にして、あとの2回は
考えなくていい「炊き込みがゆ」と「おかずのモト」で
親もラクできるようにしました。
炊き込みがゆなら、具を変えるだけでアレンジOK!
パターンが決まっていると、レパートリーをふやすのも簡単です♪

手づかみで「自分で食べる！」が始まる

9〜11カ月ごろ カミカミ期 ってこんな時期

3回食になると、食事からの栄養がメインに。食べ物に興味をもって手を伸ばすようになる時期です。
フリージングにも手づかみをとり入れながら、食べる意欲を応援しましょう！

舌と上あごでつぶせないものは
歯ぐきで押しつぶす

舌が左右にも動くようになり、舌と上あごでつぶせないものは、左右に寄せて歯ぐきで押しつぶして食べられるように。つぶす力は弱いけれど、大人とほぼ同じかみ方に成長！

歯ぐきでつぶせる
完熟バナナくらいが目安

歯ぐきでつぶせるかたさの目安は、親指と人さし指でつまみ、軽く力を入れるとつぶれる完熟バナナくらい。やわらかいバナナやゆで野菜は、赤ちゃんが手づかみして、歯ぐきで一口量をかじりとる練習にぴったりです。

ぐちゃぐちゃ食べは
みんなが通る道

手づかみでぐちゃぐちゃにされて、片づけも大変な時期ですが、食べる意欲は育ててあげたい！ 本格的に遊びだしたら切り上げるなど、メリハリはつけつつ、手づかみタイムをつくっていきましょう。

食事からの栄養が6〜7割。
鉄の多い食材を積極的に

赤ちゃんは脳と体がぐんぐん成長していくので、血液をつくるために必要な鉄が不足しがち。吸収率の高い動物性のヘム鉄（牛肉、レバー）をとり入れましょう。非ヘム鉄（ひじき、納豆、ほうれんそう）はビタミンCを含む野菜や果物といっしょにとると吸収率が高まります。

離乳食は1日3回

☐ 12〜14時ごろに2回目を設定する
☐ 食事の間隔は4時間以上あける
☐ 初めての食品は受診のできる時間帯に

タイムスケジュール例

ゆるくてOK

家族の朝・昼・夕の
食事時間に
近づけていって
OK

6:00

10:00

14:00

18:00

20:00

1回分の目安量

手づかみスティック

マネする
少しくぼみの深いスプーンが食べさせやすい

5～8mm コロコロ

※食べる量やかたさは目安なので、お子さんの食欲や成長・発達の様子を見て調整してください。

エネルギー源食品

以下より1つ選ぶ

- ☐ 5倍がゆ90g～ 軟飯80g
- ☐ ゆでうどん 60～90g
- ☐ 食パン 25～35g
- ☐ コーンフレーク 15～25g
- ☐ パスタ（乾燥）15～25g

ビタミン・ミネラル源食品

- ☐ 野菜・果物（合わせて）30～40g

★果物は10gくらいを目安に。

たんぱく質源食品

以下より1つ選ぶ

- ☐ 木綿豆腐 45g
- ☐ 納豆 20g
- ☐ 魚・肉 15g
- ☐ 全卵1/2個
- ☐ ヨーグルト 80g

★2種類を使うときは1/2量ずつなど調整を。

調理&フリージングのポイント

野菜はやわらかくゆでれば手づかみOK!

歯ぐきでかめるくらいやわらかく煮たにんじん、大根などは、手づかみ初期におすすめ。ゆで汁もいっしょにフリージングすると、解凍時に水分が抜けてかたくなるのを防げます。

1回は炊き込みがゆに固定してラクラク!

おかゆ（軟飯）と、野菜、魚や肉をいっしょに炊けば、1品に3つの栄養源が勢ぞろい! あとは手づかみ野菜を添えて献立に。1回はこれに固定するとぐんとラクになります。

おかずのモトはおかゆ・パン・めんでアレンジ

シチューや煮物など、野菜とたんぱく質源がとれる「おかずのモト」も栄養満点。おかゆだけでなくパン、うどん、パスタなどにも合うので、主食を変えてアレンジしてみて!

カミカミ期

9〜10カ月ごろ カミカミ期（前半・後半）

マネしてラクする 1週間献立カレンダー

3回食になったら、「炊き込みがゆ」と「おかずのモト」を固定メニューにすると食事作りがぐっとラクに♪ p.78〜81の「とりかえレシピ」も参考に、レパートリーをふやしてみてください。2回目と3回目は、好みで入れかえてかまいません。

- ● フリージング食材（p.74〜77で下ごしらえ）
- ● 常備食材（家に買いおきしておくもの）

※フリージング食材は耐熱容器に入れ、ラップをかけて電子レンジへ。
※電子レンジの加熱時間は600Wの目安。様子を見てかげんしてください。
※加熱後は、まぜながら食べさせてください。
※初めての食品を食べたあとは、体調の変化に気をつけてください。

とりかえレシピでアレンジOK！

- 炊き込みがゆをとりかえ p.78
- 卵蒸しパンをとりかえ p.79
- おかずのモトをとりかえ p.80

月

1回目 ゆるくてOK　1回目は単品の組み合わせを自由に！

2回目 マネする　2回目は炊き込みがゆに固定！

3回目 マネする　3回目はおかずのモトに固定！

1回目
- ● コーンフレーク15g
- ● ミルク80〜100ml
- ● バナナ（5mm角）5g

コーンフレークを器に盛り、ミルク（粉ミルクを規定量の湯でといたもの）をかけてバナナをのせ、くずしながら食べさせる。

- ● じゃがいも15g　p.75
- ● にんじん・玉ねぎMIX10g　p.75
- ● ブロッコリー5g　p.75

合わせて電子レンジで40〜50秒加熱し、まぜる。

2回目
- ● 炊き込みがゆ1回分　p.74

電子レンジで2分30秒加熱する。

- ● 手づかみ野菜10g　p.75

電子レンジで20〜30秒加熱する。

トッピングはきな粉も合う！

3回目
- ● 5倍がゆ90g　p.74

電子レンジで2分加熱する。

- ● 鶏だんごシチュー1回分　p.77

電子レンジで1分〜1分30秒加熱する。

火

1回目	2回目	3回目

1回目
- 5倍がゆ90g　p.74
- あじ5g　p.76
  5倍がゆを電子レンジで2分加熱する。
  あじを電子レンジで20秒加熱し、のせる。

- 手づかみ野菜10g　p.75
  電子レンジで20～30秒加熱する。

- ブロッコリー10g　p.75
- バナナ（5mm角）10g
- ヨーグルト大さじ2～3
  ブロッコリーを電子レンジで20～30秒加熱する。バナナ、ヨーグルトとあえる。

2回目
- 炊き込みがゆ1回分　p.74
  電子レンジで2分30秒加熱する。

- 手づかみ豆腐適量　p.76
  好みで添える。

3回目
- 卵蒸しパン（牛乳入り）　p.74
  ラップごと電子レンジで20秒、返して5～10秒加熱する。
  小さくちぎって食べさせる。

- 鶏だんごシチュー1回分　p.77
  電子レンジで1分～1分30秒加熱する。

手づかみしやすく切っても！

水

1回目	2回目	3回目

1回目
- 卵蒸しパン　p.74
  ラップごと電子レンジで20秒、返して5～10秒加熱する。
  小さくちぎって食べさせる。

- 手づかみバナナ（棒状）10g

- あじ10g　p.76
- ブロッコリー10g　p.75
- にんじん・玉ねぎMIX10g　p.75
- 野菜スープ25ml　p.75
  合わせて電子レンジで1分加熱し、まぜる。好みでとろみをつける（p.15）。

2回目
- 炊き込みがゆ1回分　p.74
  電子レンジで2分30秒加熱する。

- 手づかみ野菜10g　p.75
  電子レンジで20～30秒加熱する。

3回目
- 5倍がゆ90g　p.74
- 鶏だんごシチュー1回分　p.77
  5倍がゆを電子レンジで2分加熱する。
  鶏だんごシチューを電子レンジで1分～1分30秒加熱し、かける。

スープにひたしても食べやすい

トマトペーストで味変えすればリゾット風♪

木

1回目　　　2回目　　　3回目

NEW 牛肉

1回目
- 卵蒸しパン　p.74
  ラップごと電子レンジで20秒、返して5〜10秒加熱する。小さくちぎって食べさせる。

- 牛ひき肉5g　p.76
- じゃがいも20g　p.75
- にんじん・玉ねぎMIX10g　p.75
- 野菜スープ25ml　p.75
  合わせて電子レンジで1分〜1分30秒加熱し、まぜる。

- バナナ（5mm角）5g
- ヨーグルト大さじ2〜3
  ヨーグルトにバナナをのせる。

2回目
- 炊き込みがゆ1回分　p.74
  電子レンジで2分30秒加熱する。

- 手づかみ野菜10g　p.75
  電子レンジで20〜30秒加熱する。

3回目
- 5倍がゆ90g　p.74
- 鶏だんごシチュー1回分　p.77
- かぼちゃフレーク小さじ1
  5倍がゆを電子レンジで2分加熱する。鶏だんごシチューを電子レンジで1分〜1分30秒加熱し、かぼちゃフレークをまぜてかける。

かぼちゃフレークで味変えOK

金

1回目　　　2回目　　　3回目

1回目
- 5倍がゆ90g　p.74
- 牛ひき肉10g　p.76
  5倍がゆを電子レンジで2分加熱する。牛ひき肉を電子レンジで20〜30秒加熱し、のせる。

- 手づかみ野菜10g　p.75
  電子レンジで20〜30秒加熱する。

- じゃがいも15g　p.75
- ブロッコリー5g　p.75
- 粉チーズ少々
  じゃがいもとブロッコリーを合わせて電子レンジで30〜40秒加熱し、まぜる。粉チーズを振る。

2回目
- 炊き込みがゆ1回分　p.74
  電子レンジで2分30秒加熱する。

- 手づかみ野菜10g　p.75
  電子レンジで20〜30秒加熱する。

3回目
- 5倍がゆ90g　p.74
  5倍がゆを電子レンジで2分加熱する。

- 牛肉と青菜（チンゲンサイ）の煮物1回分　p.77
  電子レンジで1分〜1分30秒加熱する。

牛丼にしてもいい！

土

1回目

- 卵蒸しパン　p.74
  ラップごと電子レンジで20秒、返して5〜10秒加熱する。
  小さくちぎって食べさせる。

- あじ15g　p.76
- ブロッコリー10g　p.75
- 野菜スープ25ml　p.75
  合わせて電子レンジで1分加熱し、まぜる。好みでとろみをつける(p.15)。

- 手づかみバナナ(棒状)10g

- 手づかみ野菜10g　p.75
  電子レンジで20〜30秒加熱する。

2回目

- 炊き込みがゆ1回分　p.74
  電子レンジで2分30秒加熱する。

- 手づかみ野菜10g　p.75
  電子レンジで20〜30秒加熱する。

3回目

- 冷凍うどん60g
- 牛肉と青菜の煮物1回分　p.77
  冷凍うどんを袋の表示どおりに加熱し、60gを2〜3cm長さに切る。牛肉のうま煮を電子レンジで1分〜1分30秒加熱し、のせる。

冷凍うどん活用！もちろん乾めんでも！

日

1回目

- 5倍がゆ90g　p.74
- あじ15g　p.76
- にんじん・玉ねぎMIX10g　p.75
- ブロッコリー10g　p.75
- 野菜スープ25ml　p.75
  5倍がゆを電子レンジで2分加熱する。あじ、にんじん・玉ねぎMIX、ブロッコリー、野菜スープを合わせて電子レンジで1分〜1分30秒加熱する。とろみをつけて(p.15)おかゆにのせる。

- 手づかみバナナ(棒状)10g

2回目

- 炊き込みがゆ1回分　p.74
  電子レンジで2分30秒加熱する。

- 手づかみ豆腐適量　p.76
  好みで添える。

3回目

- 卵蒸しパン　p.74
  ラップごと電子レンジで20秒、返して5〜10秒加熱する。
  小さくちぎって食べさせる。

- 牛肉と青菜の煮物1回分　p.77
  電子レンジで1分〜1分30秒加熱する。

トマトペーストで味変えOK

9～10カ月ごろ カミカミ期 前半 後半

食べるときにチン！
1週間作りおきフリージング

炊き込みがゆで炊飯器を使って、おかゆは電子レンジで作ると同時進行できます。
野菜はなるべく同じ鍋でいっしょにゆでてしまうとラク！
3回食になり量もふえるので、週の途中に分散してフリージングするのがおすすめ（p.77）。

※食材の下ごしらえが余った場合は、大人が食べるか、予備としてフリージングしてください。

✓ 1週間分の買い物リスト

フリージング食材

- ☐ 米…2/3合（120ml）★炊き込みがゆ用
- ☐ ごはん…240g ★軟飯用
- ☐ 米粉…80g
- ☐ ベーキングパウダー…4g
- ☐ かぼちゃ…140g
- ☐ にんじん…小1本（140g）
- ☐ 玉ねぎ…3/4個（140g）
- ☐ ブロッコリー…10～12房（70g）
- ☐ じゃがいも…小1個（50g）
- ☐ チンゲンサイ…1/2株（60g）
- ☐ ひじき水煮…30g
- ☐ 【NEW】あじ…刺し身5切れ（45g）
- ☐ 【NEW】牛ひき肉…75g
- ☐ 鶏ひき肉…40g
- ☐ 木綿豆腐…20g
- ☐ ツナ（食塩・オイル不使用）…1缶（70g）
- ☐ 卵…1個
- ☐ 豆乳…40ml
- ☐ 牛乳…80ml

マネする　芽ひじきの水煮やドライパックを選ぶ

常備食材

- ☐ コーンフレーク（プレーン）…15g
- ☐ 冷凍うどん…1袋（乾めんでもOK）
- ☐ バナナ…適量
- ☐ 手づかみ用木綿豆腐…適量
- ☐ プレーンヨーグルト…大さじ4～6
- ☐ 粉ミルク…適量
- ☐ 粉チーズ…少々
- ☐ きな粉、トマトペースト、かぼちゃフレーク…各適量

※（）内の分量は、皮などをとり除いた可食部の目安量です。
※コーンフレークはオートミール10～15gでもOK。

主食

🔲 レンジ おかゆを炊いて小分けする

ゆるくてOK　簡単だから毎回チン！でもOK

5倍がゆ90g×7回

耐熱ボウルにごはん240gと水480mlを入れてまぜる。ラップをかけて電子レンジ（600W）で8分加熱する（1回分ならごはん35gと水70mlで2分加熱する）。

ラップをかけたまま10分ほど蒸らす（あら熱がとれるまでおいてOK）。

100mlのフリージング容器に90g×7回を入れる（分量はお子さんに合わせて調整してください）。炊飯器で炊く場合は米2/3合（120ml）と水600mlで炊く。

🔲 炊飯器 炊き込みがゆを作る　作り方はp.78

炊き込みがゆ×7回

🔲 フライパン 卵蒸しパンを作る　作り方はp.79

ゆるくてOK　1個余る分は予備にするか大人がどうぞ♡

 卵蒸しパン×6回

手づかみ野菜 ＋ 1回目の野菜

手づかみ野菜10g×8回

野菜スープも少しずつ入れると解凍時に水分が抜けにくい。

にんじん・玉ねぎMIX10g×4回
野菜スープ25ml×4回

ブロッコリー50g　**じゃがいも50g**

🍲 ブロッコリーをゆでて刻む

ブロッコリー10〜12房は熱湯で3〜4分、やわらかくゆでる。

キッチンばさみで穂先を切る。20gはp.77の鶏だんごシチューに入れ、残りをフリーザーバッグに入れ、好きな量をとり出して使う。

🍲 3種類の野菜をまとめてゆでる

にんじん小1本は皮をむき、80gを7mm角×3cm長さの棒状に切る（24本）。60gは5mm角に切る。玉ねぎは皮をむき、80gを5mm角に切る。じゃがいも小1個は皮をむき、半分に切る。

鍋ににんじん、玉ねぎ、じゃがいもと水600mlを入れ、火にかける。
★同時進行で大人のシチューを作ってもOK（p.80）。
★じゃがいもは炊き込みがゆで炊いてもOK（p.78）。

ふたをして10〜15分ほど煮て、じゃがいもがやわらかくなったらとり出す。

棒状のにんじんがやわらかくなったらとり出し、1ブロック25mlのフリージング容器に10g×8回を入れる。

残ったにんじんと玉ねぎは、大さじ4をすくって茶こしにとり出し、1ブロック25mlのフリージング容器に10g×4回を入れる。野菜スープは25ml×4回を入れる。

ラクする 鍋に残った分はシチューに使う！（p.77）

ラクする びんの底でつぶすのがラク

じゃがいもはフリーザーバッグに入れてつぶす。

菜箸で筋をつけて冷凍し、好きな量をとり出して使う。

カミカミ期　75

たんぱく質食材

- あじ5g×1回
- あじ10g×1回
- あじ15g×2回

- 牛ひき肉5g×1回
- 牛ひき肉10g×1回

フライパン あじをゆでてほぐす

フライパンに湯を沸かし、あじの刺し身5切れを入れてゆで、ほぐす。1ブロック15mlのフリージング容器に5g×1回、10g×1回、15g×2回を入れる。★あじにかたくり粉をまぶしてゆでてもOK。

鍋 牛ひき肉をゆでる

ラクする 牛肉と青菜の煮物を作るついでに！

鍋に水200mlを入れて沸かし、牛ひき肉75gを入れ、アクをとりながらゆでる。15gをとり分ける（残りはp.77の牛肉と青菜の煮物に使う）。1ブロック15mlのフリージング容器に5g×1回、10g×1回を入れる。

手づかみビギナーにぴったり！
角切りレンチン豆腐

手づかみを始めたばかりの9カ月ごろは、やわらかくて水分の多いにんじんや大根、水きり豆腐が練習しやすいです。

自分で食べてくれるとうれしい♡

マネする やわらかいにんじんもGood!

作り方
耐熱皿にキッチンペーパーを敷く。7mm～1cm角に切った木綿豆腐10個をのせ、ラップをかけて電子レンジ（600W）で40秒～1分加熱する。熱々なので、よく冷ましてから食べさせて！

ラクする

野菜も
たんぱく質も
とれる！

おかずのモト

鶏だんごシチュー×4回　　牛肉と青菜の煮物×4回

★1回分は余るので予備に！ 豚ひき肉や鶏ひき肉でも作れます。

ゆるくてOK

小松菜で作ってもOK！

🍲 **鶏だんごシチューを作る**

ポリ袋に鶏ひき肉40g、木綿豆腐20g、かたくり粉小さじ1を入れ、よくもみまぜる。袋の端を切り、しぼり出して箸でつまみ切りながら、p.75のにんじんと玉ねぎの鍋に一口大に落とし入れる。

いったん火を止め、豆乳40mlと米粉小さじ1～2をまぜ合わせて加え、弱火でまぜながらとろみをつける。p.75でゆでたブロッコリー20gをまぜ、100mlのフリージング容器4つに分け入れる。

🍲 **牛肉と青菜の煮物を作る**

玉ねぎ（皮をむく）60g、チンゲンサイ60gをみじん切りにする。p.76で牛肉をゆでた鍋に、玉ねぎとチンゲンサイを加えて10～15分煮る。

しょうゆ数滴をたらし、水分が多ければ煮詰める。100mlのフリージング容器4つに分け入れる。食べるときにとろみをつけても（p.15）。

ゆるくてOK

週末フリージングのポイント

- ☑ **おかゆ**は毎回ごはんからチンでもOK
- ☑ **あじ**は月曜に下ごしらえOK

最初の1個は蒸したてで♡

- ☑ **卵蒸しパン**は火曜の夕方に作ってもOK
- ☑ **牛肉と青菜の煮物**は木曜に下ごしらえOK

1日3回×7日分の離乳食を作るのは、1日がかり。「週末がぐったり！」「冷凍室に入らない！」とならないように、週の途中で作るように分散したり、夕飯のみそ汁のついでに野菜をゆでたりしてもOKです。無理せずに続けていきましょう!!

カミカミ期

主食 RECIPE

献立レシピ

かぼちゃの甘みが人気!
ツナとかぼちゃとひじきの炊き込みがゆ

材料（7回分）
- 米…2/3合（120ml）
- ツナ（食塩・オイル不使用）…1缶（70g）
- かぼちゃ（皮を除いて一口大）…140g
- ひじき水煮…30g

★解凍は電子レンジ（600W）で2分30秒加熱する。

炊飯釜に、洗ってざるに上げた米と水600mlを入れ、かぼちゃ、ひじき、ツナを汁ごと入れ、おかゆモードで炊く。

炊き上がったら全体をほぐしてまぜ、140～180mlのフリージング容器7つに分け入れる。

とりかえレシピ

大根、さつまいも、たらなどでもOK
鶏肉とにんじんとかぶの炊き込みがゆ

材料（7回分）
- 米…2/3合（120ml）
- にんじん（皮をむき2等分）…2/3本（90g）
- かぶの実（皮をむき4等分）…1個（50g）
- 鶏ひき肉…100g

［おまけ］
- じゃがいも（皮をむく）…1個

★解凍は電子レンジ（600W）で2分30秒加熱する。

炊飯釜に、洗ってざるに上げた米と水600mlを入れ、にんじん、かぶ（ついでにじゃがいも）、ひき肉を入れ、おかゆモードで炊く。

炊き上がったら具をこまかく切るようにまぜ、140～180mlのフリージング容器7つに分け入れる。じゃがいもはフリーザーバッグに入れてつぶす。

とりかえレシピ

おかゆに飽きたら気分を変えて♪
しらすおろしうどん

材料（4回分）
- ゆでうどん…240g
- しらす干し（塩抜きずみ）…60g
- 大根…100g
- 小松菜…1株（20g）
- A 水…400ml
     昆布（細切り）…3本

★1週間分なら倍量作るか、週の途中でもう1回作ってもOK。
★解凍は水大さじ1を足し、電子レンジ（600W）で2分30秒～3分加熱する。

ゆでうどんは2～3cm長さに切る。大根はすりおろし、小松菜はこまかく刻む。

鍋にAを入れて煮立て、大根おろし、小松菜を入れて5分ほど煮る。うどん、しらすを加えてやわらかく煮て、140～180mlのフリージング容器4つに分け入れる。

1才以降も、大人もおいしい!
卵蒸しパン

献立レシピ

材料（6回分）

米粉…80g
卵…1個（50g）
牛乳（豆乳でもOK）…80ml
ベーキングパウダー…小さじ1（約4g）

★1才からは砂糖やメープルシロップを入れてね!（p.98）
★米油小さじ1を入れるとしっとり感アップ。
★解凍はラップごと電子レンジ（600W）で20秒、返して5〜10秒加熱する。

ボウルに卵、牛乳を入れ、よくまぜる。米粉、ベーキングパウダーを加え、手早くまぜる。
フライパンに水を深さ1cm入れ、沸かしておく。

シリコンカップに生地を分け入れる。5cmくらいの高さからお盆ごとトントンと落として空気を抜く。

湯を沸かしたフライパンに**2**を並べ、ふたをして中火で7分ほど蒸す。火を止め、そのまま3〜5分蒸らす。
あら熱がとれたらシリコンカップをはずし、1つずつラップで包み、フリーザーバッグに入れる。

マネする
ふたにふきんを巻くと、水滴が落ちない!
私は沐浴布（笑）

大豆の風味がほんのりする
豆腐蒸しパン

とりかえレシピ

材料（6回分）

A｜米粉…70g
　｜小麦粉…30g
　｜かたくり粉…大さじ1
　｜ベーキングパウダー…4g

絹ごし豆腐…50g
牛乳…80〜100ml
（豆腐の水分量を見て調整）

豆腐はなめらかになるまで崩しまぜる。ボウルに**A**を入れてまぜ、豆腐、牛乳を加えてまぜる。蒸し方は卵蒸しパンと同様に。

★1才からは砂糖やメープルシロップを入れてね!（p.98）
★解凍は卵蒸しパンと同様に。

さわやか&もっちりやわらか
りんごヨーグルト蒸しパン

とりかえレシピ

マネする
小麦粉のほうがかみ切りやすい!

材料（6回分）

A｜小麦粉…100g
　｜ベーキングパウダー…4g

りんご…中1/2個（80〜100g）
ヨーグルト…100g

りんごはトッピング用に少し刻み、残りをすりおろし、ヨーグルトとまぜる。ボウルに**A**を入れてまぜ、りんごヨーグルトを加えて手早くさっとまぜる。生地を入れたあとに、トッピングを散らす。蒸し方は卵蒸しパンと同様に。

★1才からは砂糖やメープルシロップを入れてね!（p.98）
★解凍は卵蒸しパンと同様に。

おかずのモト RECIPE

献立レシピ

大人MENU
離乳食と同じ野菜で大人分も作っちゃう！
鶏肉のクリームシチュー

材料（大人2人分）

鶏もも肉…1枚
玉ねぎ…1/2個
にんじん…小1本
じゃがいも…1〜2個
ゆでブロッコリー…7〜8房

塩、こしょう…各適量
バター…20g
A｜水…400ml
　｜顆粒コンソメ…小さじ1〜2
B｜米粉…大さじ3
　｜豆乳（または牛乳）…300ml

1 玉ねぎ、にんじん、じゃがいもは、p.75で離乳食の野菜を切るときに、大人分も一口大に切る。鶏肉は一口大に切り、塩、こしょうを振る。

2 Bはよくまぜておく。米粉はダマになりにくいから、振るう手間がなくてラク！

3 鍋にバターを熱し、1を入れていためる。Aを入れ、10〜15分煮る。2を加え、まぜながらとろみがつくまで煮て、塩、こしょうで味をととのえる。仕上げにブロッコリーを加える。

とりかえレシピ

子どもMENU
大人はおろしポン酢でおいしい
野菜たっぷり豆腐ハンバーグ

ゆるくてOK
2〜3倍量で作って親子ごはん冷凍しても！

材料（4回分）

鶏ひき肉…50g
木綿豆腐…30〜35g
玉ねぎ…1/4個（50g）
にんじん…1/3本（50g）

ピーマン…1/2個（20g）
塩…少々
かたくり粉…大さじ1
パン粉…大さじ2〜3
米油…少々

★解凍は電子レンジ（600W）で1分加熱する。

1 玉ねぎ、にんじんはすりおろす。ピーマンはみじん切りにする。耐熱容器に入れ、電子レンジ（600W）で1分30秒加熱する。

2 1にひき肉、豆腐、塩、かたくり粉、パン粉を加えてまぜ、4等分して円盤形にととのえる。

3 フライパンに米油を熱し、2の両面を焼く。水大さじ1を入れ、ふたをして1〜2分焼き、火を通す。ラップで包み、フリーザーバッグに入れる。

子どもMENU
昆布だしで煮るからうまみたっぷり
たらと野菜のうま煮

とりかえレシピ

材料（4回分）

たら…1/2切れ（60g）
大根…1〜2cm（60g）
にんじん…小1/3本（40g）
ピーマン…1/2個（20g）

A｜酒…大さじ1
　｜水…250ml
　｜昆布（細切り）…3本
　｜しょうゆ…数滴

★解凍は電子レンジ（600W）で1分〜1分30秒加熱する。

1
たらは耐熱容器に入れ、酒を振り、ラップをかけて電子レンジ（600W）で40秒〜1分加熱する。骨をとり除く。

2
大根、にんじん、ピーマンは5〜7mm角くらいに切る。鍋にA、大根、にんじんを入れて火にかける。煮立ったら、ピーマン、たらを加える。

3
野菜がやわらかくなったら、たらをほぐし、しょうゆをたらし、100mlのフリージング容器4つに分け入れる。食べるときにとろみをつけても（p.15）。

★大人分も作る場合は材料を倍にする。作り方3で半量を子ども用にとり分け、残りの大人用は酒・みりん各大さじ1、しょうゆ小さじ1、塩少々で味つけする。

子どもMENU
手づかみ初心者におすすめ！ やわらかお焼き
ツナと豆腐のかぼちゃお焼き

とりかえレシピ

材料（4回分）

かぼちゃ（皮を除く）…120g
ツナ（食塩・オイル不使用）…40g
木綿豆腐…60g
かたくり粉…大さじ2
米油…少々

★解凍は電子レンジ（600W）で1分加熱する。

1
かぼちゃは耐熱容器に入れ、水大さじ1を加え、ラップをかけて電子レンジ（600W）で2分加熱する。ツナ、豆腐を加える。

2
マッシャーでつぶし、かたくり粉を加えてよくまぜる。4等分して円盤形にととのえる。

3
フライパンに米油を熱し、2を入れ、両面を焼いて火を通す。ラップで包み、フリーザーバッグに入れる。

ゆるくてOK
卵焼き器で薄く焼いて切ってもOK

カミカミ期

マネしてラクする1週間献立カレンダー

10〜11カ月ごろ

カミカミ期　前半　後半

2回目の「炊き込み軟飯」の準備がいちばんラクなので、夕方が忙しい方はこちらを3回目にしてもOK！ 好みでやりやすいように入れかえてください。
鉄が不足しやすい時期なので、粉末鶏レバーもとり入れていきましょう。

- 🟠 フリージング食材（p.86〜89で下ごしらえ）
- ⚫ 常備食材（家に買いおきしておくもの）

※フリージング食材は耐熱容器に入れ、ラップをかけて電子レンジへ。
※電子レンジの加熱時間は600Wの目安。様子を見てかげんしてください。
※加熱後は、まぜながら食べさせてください。
※初めての食品を食べたあとは、体調の変化に気をつけてください。

とりかえレシピでアレンジOK！

炊き込み軟飯を とりかえ p.90

パンケーキを とりかえ p.91

おかずのモトを とりかえ p.92

月

1回目 ゆるくてOK
1回目は単品の組み合わせを自由に！

NEW レバー

- 🟠 軟飯80g　p.86
- ⚫ 粉末鶏レバー少々
  軟飯を電子レンジで2分加熱し、鶏レバーを振る。

- 🟠 4種の野菜MIX20g　p.87
- 🟠 トマト10g　p.87
- 🟠 野菜スープ15ml　p.88
  合わせて電子レンジで1分加熱し、まぜる。

- 🟠 お魚ピカタ10g　p.88
- 🟠 手づかみ野菜10g　p.87
  それぞれ電子レンジで20〜30秒ずつ加熱し、盛り合わせる。

2回目 マネする
2回目は炊き込み軟飯に固定！

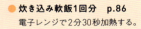

- 🟠 炊き込み軟飯1回分　p.86
  電子レンジで2分30秒加熱する。

- 🟠 手づかみ野菜10g　p.87
  電子レンジで20〜30秒加熱する。

鶏レバーをお試し！

3回目 マネする
3回目はおかずのモトに固定！

- 🟠 パスタ1回分　p.86
- 🟠 鶏手羽元のポトフ1回分　p.89
  合わせて電子レンジで2分30秒加熱し、まぜる。

火

1回目	2回目	3回目

1回目
- パスタ1回分　p.86
- さつまいも20g　p.87
- 玉ねぎ10g　p.87
- 牛乳45ml
- 米粉小さじ1
- 粉末鶏レバー小さじ1/5

　パスタを電子レンジで1分加熱する。さつまいも、玉ねぎ、牛乳、米粉は合わせてまぜ、電子レンジで20秒×3〜4回加熱し、そのつどよくまぜる。湯冷ましでかたさを調整し、パスタにかける。鶏レバーを振る。

- 好みの果物（みかん）10g

　皮をむき、食べやすく割る。

2回目
- 炊き込み軟飯1回分　p.86

　電子レンジで2分30秒加熱する。

- 手づかみバナナ（棒状）10g

3回目
- 軟飯80g　p.86

　電子レンジで2分加熱する。

- 鶏手羽元のポトフ1回分　p.89

　電子レンジで1分30秒加熱する。

さつまいもホワイトソースでアレンジ♪

水

1回目	2回目	3回目

1回目　NEW 豚肉
- 軟飯80g　p.86
- 豚ひき肉5g　p.88
- 玉ねぎ10g　p.87

　軟飯を電子レンジで2分加熱する。豚肉、玉ねぎを合わせて30秒加熱し、のせる。

- トマト20g　p.87
- ひき割り納豆10g
- かつお節少々

　トマトを電子レンジで30〜40秒加熱し、納豆、かつお節をまぜる。

- 手づかみ野菜10g　p.87

　電子レンジで20〜30秒加熱する。

2回目
- 炊き込み軟飯1回分　p.86

　電子レンジで2分30秒加熱する。

- 手づかみ野菜10g　p.87

　電子レンジで20〜30秒加熱する。

3回目
- パスタ1回分　p.86
- きな粉小さじ1
- 砂糖ひとつまみ

　パスタを電子レンジで1分加熱する。きな粉、砂糖をまぶし、しっとり湿らせる。

- 鶏手羽元のポトフ1回分　p.89

　電子レンジで1分30秒加熱する。

ポトフにトマトを加えても♪

木

1回目	2回目	3回目

- オートミールパンケーキ1回分 p.86
- 手づかみ野菜10g p.87

パンケーキを電子レンジで40〜50秒加熱する。手づかみ野菜を電子レンジで20〜30秒加熱し、添える。

- さつまいも20g p.87
- 豚ひき肉10g p.88
- 野菜スープ15ml×2つ p.88

合わせて電子レンジで1分〜1分30秒加熱する。

- 炊き込み軟飯1回分 p.86

電子レンジで2分30秒加熱する。

- 手づかみバナナ(棒状)10g

- 軟飯80g p.86
- 鶏手羽元のポトフ1回分 p.89

合わせて電子レンジで2分30秒加熱し、まぜる。

バナナは縦3つに割る!

金

1回目	2回目	3回目

NEW キウイ

- コーンフレーク25g
- 4種の野菜MIX20g p.87
- さつまいも10〜15g p.87
- 野菜スープ15ml×2つ p.88
- ミルク20〜40ml

4種の野菜MIX、さつまいも、野菜スープを合わせて電子レンジで1分加熱し、まぜる。コーンフレークとミルク(粉ミルクを規定量の湯でといたもの)を加えてまぜ、くずしながら食べさせる。

- お魚ピカタ10g p.88

電子レンジで20〜30秒加熱する。

- キウイ5g

皮をむいて食べやすく切り、電子レンジで20秒加熱する。

- 炊き込み軟飯1回分 p.86

電子レンジで2分30秒加熱する。

- 手づかみ野菜10g p.87

電子レンジで20〜30秒加熱する。

コーンフレークで気分転換♪

- 軟飯80g p.86
- 麻婆ズッキーニ1回分 p.89

軟飯を電子レンジで2分加熱する。麻婆ズッキーニを電子レンジで1分30秒加熱し、のせる。

84

土

1回目	2回目	3回目

1回目

- オートミールパンケーキ1回分　p.86
  電子レンジで40～50秒加熱する。

- 4種の野菜MIX20g　p.87
- 野菜スープ15ml×2つ　p.88
- ひき割り納豆15g
  4種の野菜MIXと野菜スープを合わせて電子レンジで1分加熱し、納豆をまぜる。

- ヨーグルト大さじ2
- キウイ10g
  キウイは皮をむいて食べやすく切り、電子レンジで20秒加熱する。ヨーグルトにのせる。

2回目

- 炊き込み軟飯1回分　p.86
  電子レンジで2分30秒加熱する。

- 手づかみ野菜10g　p.87
  電子レンジで20～30秒加熱する。

3回目

- 軟飯80g　p.86
  電子レンジで2分加熱する。

- 麻婆ズッキーニ1回分　p.89
  電子レンジで1分30秒加熱する。

トマトを足してもおいしい♡

日

1回目	2回目	3回目

1回目

- 軟飯80g　p.86
- 4種の野菜MIX20g　p.87
- 野菜スープ15ml　p.88
- 粉末鶏レバー小さじ1/3(1g)
  軟飯、4種の野菜MIX、野菜スープを合わせて電子レンジで2分～2分30秒加熱し、鶏レバーを加えてまぜる。

- さつまいも10g　p.87
- ヨーグルト大さじ2～3
- きな粉少々
  さつまいもを電子レンジで20～30秒加熱し、ヨーグルトとまぜる。好みできな粉を振る。

- 手づかみ野菜10g　p.87
  電子レンジで20～30秒加熱する。

2回目

- 炊き込み軟飯1回分　p.86
  電子レンジで2分30秒加熱する。

- 好みの果物（みかん）10g
  皮をむき、食べやすく割る。

みかんははさみで薄皮をチョキッ！

3回目

- パスタ1回分　p.86
- 麻婆ズッキーニ1回分　p.89
  パスタを電子レンジで1分加熱する。麻婆ズッキーニを電子レンジで1分30秒加熱し、のせる。

10〜11カ月ごろ
カミカミ期
前半 / 後半

＼食べるときにチン！／
1週間作りおきフリージング

5倍がゆに慣れたら、軟飯へ。水の量は3倍、2.5倍、2倍へと減らしていきましょう。
炊飯器がフル回転になるので、炊き込み軟飯を日曜に、白い軟飯は月曜の朝に炊いても。
かむ力がついてきたら、パスタに挑戦！ 早ゆでタイプがやわらかく、手づかみしやすいです。

※食材の下ごしらえが余った場合は、大人が食べるか、予備としてフリージングしてください。

1週間分の買い物リスト

フリージング食材
- ☐ 米…2合（360ml）
- ☐ 早ゆでショートパスタ（乾めん）…100g
- ☐ オートミール…10g
- ☐ 米粉…25g
- ☐ ベーキングパウダー…2g
- ☐ アスパラガス…4〜5本（100g）
- ☐ じゃがいも…1個（110g）
- ☐ にんじん…1と1/3本（200g）
- ☐ 大根…4〜6cm（150g）
- ☐ キャベツ…1/6個（200g）
- ☐ 玉ねぎ…1個（200g）
- ☐ いんげん…6本
- ☐ さつまいも…1/4本（70g）
- ☐ トマト…小1個（50g）
- ☐ ズッキーニ…1/4本（60g）
- ☐ 生鮭…1切れ（100g）
- ☐ 鯛…刺し身小4切れ（20g）
- **NEW** ☐ 豚ひき肉…75g
- ☐ 鶏手羽元…6本
- ☐ 卵…1個
- ☐ 牛乳…105〜125ml
- ☐ かつおだしパック（食塩不使用）…1個

ゆるくてOK
鶏手羽元は
鶏もも肉
1枚でもOK

常備食材
- ☐ コーンフレーク（プレーン）…25g
- **NEW** ☐ 粉末鶏レバー…適量
- ☐ ひき割り納豆…1パック（25g）
- ☐ プレーンヨーグルト…大さじ4〜5
- ☐ 粉ミルク…適量
- ☐ きな粉、青のり、かつお節…各適量
- ☐ バナナ、好みの果物…各適量
- **NEW** ☐ キウイ…15g

※（ ）内の分量は、皮などをとり除いた可食部の目安量です。
※コーンフレークはオートミール15〜25gでもOK。

主食

軟飯を炊いて小分けする

ゆるくてOK
最初は
引き続き
5倍がゆでも
OK

軟飯80g×7回

炊飯釜に、洗ってざるに上げた米1合と水540〜450mlを入れて炊く。80g×7回をラップで包むか、100mlのフリージング容器に入れる（分量はお子さんに合わせて調整してください）。
ごはんで作る場合は、ごはん300gと水450mlでp.74と同様に電子レンジで加熱する。

パスタをゆでる

パスタ×4回

早ゆでショートパスタ（フジッリなど）100gはたっぷりの熱湯に入れ、袋の表示時間どおりにゆでる。ざるに上げてあら熱をとり、仕切りつき密閉容器（130ml×4）に分け入れる。

炊き込み軟飯を作る　作り方はp.90

炊き込み軟飯×7回

オートミールパンケーキを作る　作り方はp.91

オートミールパンケーキ×2回

1つずつ離してラップで包み、折りたたんで重ねるとコンパクトに収納できる。

手づかみ野菜 ＋ 1回目の野菜

手づかみ野菜10g×8回
野菜スープも少しずつ入れると解凍時に水分が抜けにくい。

玉ねぎ10g×2回

4種の野菜MIX 20g×4回

お魚ピカタ 10g×2回（p.88）

トマト50g

さつまいも70g

🍲 5種類の野菜と鶏手羽元を煮る

にんじん1本（150g）は皮をむき、1/3本を手づかみしやすい棒状に、1/3本を輪切りに、1/3本をざく切りにする。大根4～6cm（150g）も同様に切る。キャベツ1/6個（200g）は2等分する。玉ねぎ3/4個（150g）はくし形に切る。いんげん6本は筋をとって3～4cm長さに切る。

鍋に鶏手羽元6本、にんじん、大根、玉ねぎ、水800mlと酒大さじ2、かつおだしパック1個を入れ、火にかける。

ふたをして、野菜がやわらかくなるまで20分煮る（沸騰後5分ほどでだしパックをとり出す）。キャベツ、いんげんを加え、10分煮る。

ラクする
離乳食分をとり分け、残りは大人のポトフに！（p.89、92）

トマトを湯むきして切る

トマト小1個は湯むきして横半分に切り、種を出す（p.52参照）。1cm角に切り、フリーザーバッグに入れる。好きな量をとり出して使う。

さつまいもをつぶす

さつまいも1/4本（70g）は皮をむき、炊き込み軟飯といっしょに炊く（p.90）。とり出してフリーザーバッグに入れ、びんの底などでつぶし、菜箸で筋をつける。好きな量をとり出して使う。かぼちゃでもOK！

野菜を型抜きする・刻む

棒状のにんじん・大根各4本と、輪切りのにんじん4枚・大根2枚をとり出し、輪切りは型抜きする。1ブロック25mlのフリージング容器に10g×8回を入れる。

みじん切りチョッパーで玉ねぎ40gをみじん切りにし、1ブロック25mlのフリージング容器に10g×2回を入れる。

玉ねぎの残りに、にんじん・大根・キャベツ各20gを加え、あらみじん切りにして20g×4回を入れる。

カミカミ期　87

たんぱく質食材

- 豚ひき肉5g×1回 … 5g
- 豚ひき肉10g×1回 … 10g
- 野菜スープ15ml×8回
  p.87の鍋のスープを入れる

🔲レンジ 豚ひき肉を加熱する

耐熱容器に豚ひき肉15g、水小さじ1を入れてまぜ、ラップをかけて電子レンジ（600W）で30秒加熱する。1ブロック15mlのフリージング容器に5g×1回、10g×1回を入れる。

🍲鍋 お魚ピカタを焼く

鯛の刺し身は柵で買った場合は薄切りにし、小さめ4切れ（20g）を使う。残りは大人用に！

両面に軽く青のりを振り、米粉をまぶす。

とき卵をからめ、オリーブ油少々を熱したフライパンで両面を焼く。1ブロック25mlのフリージング容器に2回を入れる。

ゆるくてOK ほかの刺し身でアレンジOK

お魚ピカタ10g×2回
ココに入れる（p.87）

手づかみに慣れてきたら あべかわパスタ

かむ力がアップすると、やわらかくゆでたパスタの手づかみ食べも上手に！あべかわパスタは幼児期まで人気メニューです。

きな粉と砂糖であべかわ風♪

マネする 型抜き野菜も手づかみしやすい！

作り方
冷凍パスタ1回分を加熱解凍し、きな粉小さじ1、砂糖ひとつまみをまぶす。粉っぽいとむせるので、湿らせてあげて。

おかずのモト

ラクする
野菜も たんぱく質も とれる！

★1回分は余るので予備に！

ゆるくてOK
麻婆なすでもOK！

鶏手羽元のポトフ×4回　　麻婆ズッキーニ×4回

鶏手羽元のポトフを作る
（鍋・チョッパー）

p.87の鍋から、にんじん・大根・キャベツ・玉ねぎ各40gと、いんげん少量をとり出し、あらみじんに切る。鶏手羽元2〜3本は骨と皮を除いて肉60gをとり、みじん切りチョッパーでみじん切りにする。

野菜と鶏肉を合わせてまぜ、100mlのフリージング容器4つに分け入れる。スープも少しずつ加える。

麻婆ズッキーニを作る
（鍋）

にんじん・玉ねぎ（皮をむく）各50g、ズッキーニ（皮をむく）60gを5〜8mm角に切る。鍋ににんじん、玉ねぎと水150mlを入れて火にかけ、煮立ったらズッキーニも加える。

野菜がやわらかくなったら、豚ひき肉60gを加え、ほぐしまぜる。ひき肉に火が通ったら、みそ少々、しょうゆ数滴を加えて調味する。

あら熱がとれたら、かたくり粉大さじ1をまぜ、100mlのフリージング容器4つに分け入れる。
汁が少ないので、かたくり粉をまぶしておくと解凍時にとろみがつく。

★大人用もいっしょに作る場合はp.93。

ゆるくてOK 週末フリージングのポイント

☑ 軟飯・パスタは月曜に作ってもOK

☑ 麻婆ズッキーニは木曜でOK　最初の1回は焼きたてで♡

☑ パンケーキは木曜の朝に作ってもOK

週末は、炊き込み軟飯とポトフを作るだけでも大変なので、残りは週の途中でフリージングしても！炊飯器で米といも類を同時に炊くのは簡単ですが、かぼちゃにする場合は色が移るので、容器に入れて米の上にのせるのがおすすめ。

カミカミ期　89

主食 RECIPE

献立レシピ

アスパラがやわらか～くなる
鮭とアスパラの炊き込み軟飯

材料（7回分）
- 米…1合（180ml）
- 生鮭…1切れ（100g）
- アスパラガス…4～5本（100g）
- じゃがいも（皮をむく）…1個（110g）

[おまけ]
- さつまいも（皮をむく）…1/4本（70g）

★解凍は電子レンジ（600W）で2分30秒加熱する。

1. 鮭は骨と皮をできるだけとり除く。アスパラはかたい部分を除いて根元の皮をピーラーでむき、縦半分に切って8mm幅に刻む。

2. 炊飯釜に、洗ってざるに上げた米と水540～450mlを入れ、1、じゃがいも、さつまいもをのせ、おかゆモードで炊く。

3. 炊き上がったら、さつまいもをとり出す（p.87）。鮭をとり出してほぐし、戻して全体をまぜ、140～180mlのフリージング容器7つに分け入れる。

とりかえレシピ

角切りで炊くのもまぜやすい！
鶏肉とさつまいもの炊き込み軟飯

材料（7回分）
- 米…1合（180ml）
- 昆布（細切り）…2本
- 鶏ひき肉…100g
- さつまいも（皮をむく）…1/2本（160g）
- にんじん（皮をむく）…1/3本（50g）

★解凍は電子レンジ（600W）で2分30秒加熱する。

1. さつまいも、にんじんは5～8mm角に切り、さつまいもは水にさらす。

2. 炊飯釜に、洗ってざるに上げた米と水540～450mlを入れ、昆布、水けをきったさつまいも、にんじん、ひき肉をのせ、おかゆモードで炊く。

3. 炊き上がったら全体をほぐしてまぜ、140～180mlのフリージング容器7つに分け入れる。

マネする

平たい形がかじりやすい！

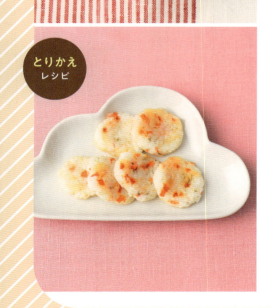

とりかえレシピ

軟飯も焼きかためれば手づかみできる
にんじんチーズ軟飯お焼き

材料（5～6個・1回分）
- 軟飯…80g
- にんじん（ゆでたもの）…10g
- ピザ用チーズ…大さじ1
- かたくり粉…小さじ2
- 青のり…少々
- 米油…少々

★量をふやして、好みの回数を冷凍OK。
★解凍は電子レンジ（600W）で2分加熱する。

1. にんじんは5～8mm角に切る。軟飯ににんじん、チーズ、かたくり粉、青のりを加えてまぜ、6等分してラップで包み、丸める（またはスプーンで落とし入れても）。

2. フライパンに米油を熱し、1を並べ、ミニへらで円盤形につぶして両面を焼く。あら熱がとれたらラップで包み、フリーザーバッグに入れる。

バナナの甘みで食べやすい♡
オートミールパンケーキ

材料（8〜10枚・2回分）
バナナ…20g
オートミール…10g
牛乳（または豆乳）
　…60〜80ml
米粉（小麦粉でも）…20g
ベーキングパウダー…2g
米油…少々

★解凍は電子レンジ（600W）で
　40〜50秒加熱する。

1 ボウルにオートミールと牛乳を入れてまぜ、5分ほどおく。バナナを加えてつぶし、米粉とベーキングパウダーを入れ、まぜる。

2 フライパンに米油を熱し、1を手づかみサイズで焼く。あら熱がとれたら1回分ずつラップで包み、フリーザーバッグに入れる。

献立レシピ

きな粉で鉄アップ&香ばしい
豆乳きな粉フレンチトースト

材料（2回分）
食パン（8枚切り）…2枚
とき卵…1/2個分
豆乳…130ml
きな粉…小さじ1
米油…少々

★解凍は電子レンジ（600W）で
　1分加熱する。

1 食パンは耳を切り落とし、8等分に切る（白い部分70g）。ボウルにとき卵、豆乳、きな粉を入れてまぜ、食パンの両面をひたす。

2 フライパンに米油を熱し、1を入れて両面を焼く。あら熱がとれたら1回分ずつラップで包み、フリーザーバッグに入れる。耳は大人のおやつに！

マネする
耳は大人用。はちみつなどかけてね！

とりかえレシピ

冷凍にも、持ち運びにも便利！
しらすのお好み焼き

材料（1回分）
A｛
　小麦粉…大さじ2
　しらす干し
　　（塩抜きずみ）…15g
　好みのゆで野菜
　　（キャベツ、にんじん
　　　など）…30g
　だし（水）…大さじ1/2
　かつお節…少々
｝
米油…少々

★量をふやして、好みの回数を冷凍OK。
★解凍は電子レンジ（600W）で1分〜1分30秒加熱する。好みで青のりを振る。

1 野菜はみじん切りにする（ポトフの野菜を使っても！）。ボウルにAを入れ、まぜる。

2 フライパンに米油を熱し、1を入れて広げ、両面を焼く。あら熱がとれたら切り分けてラップで包み、フリーザーバッグに入れる。

とりかえレシピ

カミカミ期　91

おかずのモト RECIPE

献立レシピ

大人MENU 骨つき肉のいいだしが出る！
鶏手羽元のポトフ

ゆるくてOK　好みでウインナなど増量しても！

材料（大人2人分）
[離乳食の残りの具]
大根、にんじん、玉ねぎ、キャベツ、いんげん…各適量
鶏手羽元…3～4本
[大人用の調味料]
A｜みりん、しょうゆ…各大さじ1/2
　｜塩…小さじ1/2～1
　｜こしょう…少々

p.87で野菜、鶏手羽元を煮て、離乳食分をとり分けた残りを使う。

Aで調味し、ひと煮立ちさせる。好みでゆずこしょうを添えても。

とりかえレシピ

親子MENU ゆでたパスタにのせて、おそろいごはん♡
親子でおいしいミートソース

材料（大人2人分＋4回分）
玉ねぎ…3/4個（150g）
にんじん…1/3本（50g）
ピーマン…1個（40g）
トマトペースト…1袋
豚ひき肉…80g
米粉…小さじ1
粉末鶏レバー…4g
米油…小さじ1

A｜豚ひき肉…100g
　｜オリーブ油…大さじ1
　｜おろしにんにく（チューブ）…2cm
　｜顆粒コンソメ…小さじ1
　｜トマトケチャップ…大さじ1～2
　｜ウスターソース…小さじ1
　｜塩、こしょう…各適量

★解凍（子ども分）は電子レンジ（600W）で1分30秒加熱する。

玉ねぎ、にんじん、ピーマンはチョッパーでみじん切りにして耐熱容器に入れ、水少々を加えて電子レンジ（600W）で3～5分加熱する。米油を熱したフライパンでいためる。

ひき肉80gを加えていため、水300mlを入れてふたをし、10～15分煮る。トマトペーストをまぜ、5分煮る。

米粉をまぜ、半量（離乳食用）を100mlのフリージング容器4つに分け入れる。それぞれに粉末鶏レバーを1gずつ加えてまぜる。残りの半量（大人用）は、Aを加えていためる。

大人MENU

大人は豆腐も入れて具だくさんに♪
野菜たっぷり麻婆豆腐

材料（大人2人分）

なす（またはズッキーニ）…1本
玉ねぎ（みじん切り）…1/4個
豚ひき肉…140～150g
木綿豆腐…1丁（300g）
おろしにんにく（チューブ）…2cm
おろししょうが（チューブ）…2cm
ごま油…大さじ1～2

A｜水…150ml
　｜鶏がらスープのもと…小さじ1
　｜酒、しょうゆ…各大さじ1
　｜砂糖…小さじ1/2
　｜テンメンジャン…大さじ1/2

B｜かたくり粉…大さじ1/2
　｜水…大さじ1

献立レシピ

1 フライパンにごま油を熱し、角切りにしたなす、玉ねぎをいためる（好みでゆでたにんじんを加えても）。しんなりしたら、ひき肉、にんにく、しょうがを加えていためる。

2 Aを入れて煮立て、食べやすく切った豆腐を加えて3分ほど煮る。Bをまぜ合わせて加え、とろみをつける。好みで豆板醤を入れても。

子どもMENU

粉末レバーで手軽に鉄補給♡
赤ちゃんレバにら

材料（4回分）

にら…2本（20g）
じゃがいも…1個（100g）
鶏ひき肉…40g
粉末鶏レバー…4g
しょうゆ…数滴
米油…少々

★解凍は電子レンジ（600W）で1分30秒加熱する。

1 にら、じゃがいもはこまかく刻む。フライパンに米油を熱し、ひき肉、にら、じゃがいもをいため、水100～120mlを加え、ふたをして5分ほど煮る。

2 水分が足りなければ少し足し、粉末鶏レバー、しょうゆを加え、水分をとばしながらいためる。じゃがいもを軽くつぶし、100mlのフリージング容器4つに分け入れる。

とりかえレシピ

子どもMENU

好みの具でアレンジOK！
具いろいろ！ じゃがお焼き

材料（16個・4回分）

じゃがいも（皮をむく）
　…小1個（120g）
にんじん（皮をむく）
　…1/3本（40g）
しらす干し（塩抜きずみ）
　…60g
かたくり粉…大さじ2
米油…少々

★解凍は電子レンジ（600W）で1分～1分30秒加熱する。

1 炊飯器で軟飯やごはんを炊くときに、じゃがいもとにんじんも炊く。ボウルに入れてつぶし、しらす、かたくり粉、水40mlを加えてまぜる（かたければ水を足す）。

2 フライパンに米油を熱し、1を16等分して楕円形にととのえて並べ、両面を焼いて火を通す。もんじゃヘラを2本使うと返しやすい！ 4つずつラップで包み、フリーザーバッグに入れる。

とりかえレシピ

ARRANGE

青のりツナお焼き

じゃがいものみで160gにし、しらす干しをツナにかえ、青のり少々を加える。

column

izumiの3人子育て

カミカミ期を振り返って

どこでもはいはいして、目が離せないのに3回食。食べるとぐちゃぐちゃ！
どうしたって大変な時期だけど、食べる意欲があるのはいいことか…。

1人目

節分メニュー！
こんな鬼でも
すごく怖がった☆

9カ月のころ

おかゆをトマトペーストで赤くして、かぼちゃそうめんをトッピング。こんなかわいい鬼なのに、見た瞬間泣いた!! じゃがいもボールを食べてすぐ機嫌をとり戻しました。

10カ月のころ

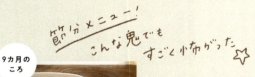

蒸しパンもガブッとかじるし、おにぎらずもパクパク。のりは上あごに貼りつきやすいので、少しおいてしんなりしてからあげていました。

初めての
おにぎらず。
手づかみも豪快だった

2人目

娘もこのころには
すっかり食いしん坊に成長♪

10カ月のころ

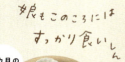

なんだかんだ10カ月には量もがっつりふえて、モリモリ完食してました。手づかみも、小さなゴミまで上手に拾う（笑）。

初めての
動物園は
ベビーフード
2個持ちで！

動物園デビューでしたが、前半は爆睡！ 後半の虎とぞうは拍手して見ていました。ベビーフードは「鯛がゆ」と「ミックス野菜」。

3人目

手づかみ食べ、いす脱出♪♪
机の下の掃除も
大変。

10カ月のころ

手づかみに
食べきると…

そっち
イテこうかな

おとなしそう、なんていわれる3人目ですが…いすから抜け出すようになって、つ、つらい。机の下の掃除もけっこう大変です。

ホテルの結婚式では
離乳食もフルコース
だった！

家族で出席した結婚式。ホテルのカミカミ期メニューはさすがに素敵♡ 喜んで食べていました！

1才〜1才6カ月ごろ

パクパク期

のフリージング献立 & 親子ごはん

この本では、パクパク期の献立を3パターンご紹介しました。
①手づかみ中心のお焼きやパンの献立
②親子で同じメニューの献立
③子ども用のおかずを作ってあげる献立
1週間分をまとめてフリージングする必要はなくなってくるので、
親子ともにラクできて、しっくりくるパターンで
日々の献立をカスタマイズしてください。
「蒸しパン」「炊き込み軟飯」など、カミカミ期のメニューも
引き続き役立つので、活用してみてください!

家族いっしょのごはんがふえてうれしい！
1才〜1才6カ月ごろ パクパク期
ってこんな時期

ほとんどの食材を食べられるようになり、大人の料理から薄味でとり分けるのがラクに！
家族でいっしょに朝・昼・夕の食事をとることで、生活リズムのメリハリもできていきます。

前歯でかみ切って 歯ぐきでかんで食べる

1才前後に前歯が生えそろうと、大きめサイズから一口量をかじりとって食べることを覚えていきます。口に入れすぎてオエッとなることもありますが、失敗することもいい経験に！大人はそばで見守っていてあげましょう。

かたさは歯ぐきでかめる 平たい肉だんごが目安

最初の奥歯が生える1才6カ月ごろまでは、歯ぐきでかむことが中心です。ミニハンバーグやゆで野菜など、やわらかいものは大きめでもよいですが、繊維の多い野菜やかための食材は、引き続きこまかく刻んであげます。

食べ物の形態に合わせて かみ方を調整する力をつける

カリカリ、もちもちなど、いろいろな食感を味わうことで、食べ物の形態に合わせてかみ方を調整できるように。揚げ物やもっちりお焼きなど、新メニューにも挑戦を！

栄養を補うおやつをスタート。 哺乳びんはそろそろ卒業

運動量がふえるとたくさんのエネルギーを必要とするため、足りない栄養はおやつで補いましょう。パンやミニおにぎり、果物など、食事とのバランスでプラスできると◎。

離乳食は1日3回＋おやつ

☐ 朝・昼・夕を意識した時間帯に
☐ おやつは1日1〜2回
☐ ミルクか牛乳を1日300〜400ml

タイムスケジュール例

ゆるくてOK
朝食が遅いときなどは午前のおやつはなしでも

マネする
哺乳びんからコップ飲みに切り替えていく

96

1回分の目安量

4cm以上をかじる

1cmコロコロ

マネする
手づかみ食べをたくさんさせてあげる！

※食べる量やかたさは目安なので、お子さんの食欲や成長・発達の様子を見て調整してください。

エネルギー源食品

以下より1つ選ぶ

- ☐ 軟飯 90g～ごはん 80g
- ☐ ゆでうどん 100～120g
- ☐ 食パン 40～50g
- ☐ コーンフレーク 30～35g
- ☐ パスタ（乾燥）30～35g

★軟飯は米1合に対し、水360～270mlを入れ、普通に炊飯する

ビタミン・ミネラル源食品

- ☐ 野菜・果物（合わせて）40～50g

★果物は10gくらいを目安に。

たんぱく質源食品

以下より1つ選ぶ

- ☐ 木綿豆腐 50～55g
- ☐ 納豆 25g
- ☐ 魚・肉 15～20g
- ☐ 全卵1/2～2/3個
- ☐ ヨーグルト 100g

★2種類を使うときは1/2量ずつなど調整を。

調理&フリージングのポイント

平たい形を手づかみして前歯でかじりとる練習

子どもの口に入らない4cm以上の平たい形が、前歯でかじりとるのにぴったり。ごはんお焼き、ロールパンの輪切り、ハンバーグ、ゆでにんじんや大根の輪切りなどがおすすめです。

子ども用のフリージングは今後も作っておくと便利

いっしょに食べられるものもふえますが、大人は手抜きしてジャンクの日などに、子ども用のフリージングストックがあると助かる！時間があるときに多めに作って、ラクしましょう。

親子で食べられるメニューもふやしていこう！

炊き込みごはんや丼、めん類などは、親子分を作るのがラク。子ども用は薄味の段階でとり分けたり、食べやすく刻んであげたり、ひと工夫！同じごはんだと子どもも喜びます♪

1才〜1才6カ月ごろ パクパク期

作りおきフリージングのコツ

1才を過ぎると、子どもは薄味でとり分けて、親子で同じごはんも食べられるように。
子ども用のフリージングストックは、週末に時間があるときや
夕食の下ごしらえのついでに、ちょこちょこと作り足していくのがおすすめ！

主食

軟飯・お焼きを作る（炊飯器・フライパン）

軟飯・お焼き×好みの回数

ゆるくてOK 軟飯に慣れたらごはんに！

米1合に対し、水360〜270mlを入れ、普通に炊飯して軟飯を作り、90gずつ冷凍する。ごはんは80gずつに。軟飯・ごはんはお焼き（p.100〜101）にすれば、手づかみOK！ お焼きはラップに間隔をあけて包むとくっつかない。

蒸しパンを作る（フライパン）

蒸しパン×6個

パクパク期以降も人気の蒸しパン。まぜる具材を変えてアレンジも楽しんで。好みで砂糖やメープルシロップを小さじ1（パクパク期）〜大さじ1（幼児期）加えても美味。1個ずつラップに包み、フリーザーバッグに入れて保存を。

野菜

ゆで野菜の角切りや型抜きを作る（鍋）

ラクする 野菜が足りないときに助かる！

いろいろなゆで野菜シリーズ　適量

野菜スープも少しずつ入れると解凍時に水分が抜けにくい

手づかみに！　サラダに！　スープに！

にんじん、大根、白菜、さつまいも、ブロッコリーなど、野菜スープを作るついでに多めにゆでて、1ブロック15mlや25mlのフリージング容器に入れる。角切り野菜はスープやサラダに、型抜き野菜は手づかみ食べに便利！

生野菜のみじん切りMIXを作る　チョッパー

オニオンMIX　適量

玉ねぎをベースに、にんじん、ピーマンなどの野菜も加えた「オニオンMIX」。分量は、玉ねぎ1個、にんじん1/2本、ピーマン1個など、適当でOK。フリーザーバッグに平らにならして冷凍しておくと、ポキポキ割って使えて便利。冷凍した食材は、凍ったまま調理しましょう。

ラクする　みじん切りチョッパーで一気に！

少量をレンチン
p.101のごはんピザなどに。

いためて解凍！
p.106の野菜たっぷりドライカレーなどに。

ポタージュを作る　鍋

日がわりポタージュ p.111

1ブロック50mlのフリージング容器で冷凍。多めに作って、幼児・大人は塩、こしょう、顆粒コンソメなどで味つけするとおいしい♪ 牛乳や豆乳で割っても。

作りおき主菜

子ども用おかずを作る　フライパン・鍋

p.108〜111でご紹介するおかずは、冷凍OK。フリージング容器を活用したり、ラップで包んでからシリコンバッグへ。

ミニハンバーグ p.108

かじきの照り煮 p.109

キャベツシューマイ p.109

鶏だんごスープ p.110

ライスコロッケ p.110

鮭のポテトガレット p.110

スパニッシュオムレツ p.111

かぼちゃとさばの豆腐お焼き p.111

ラクする
お焼きやオムレツはラップで包んでシリコンバッグへ。出し入れがラク！

1才～1才6カ月ごろ
パクパク期

\ 献立パターン 1 /

手づかみ主食 + 時短サブ

1品で栄養満点の「手づかみ主食」は、調理の時間がないときの救世主！
レンチン野菜や簡単スープを添えれば、立派な献立の完成です。

ラクする
ポロポロこぼれないから食べやすい

ゆるくてOK
みそ汁やスープは調味前にとり分けちゃう！

手づかみ主食
ごはんやパンに、野菜やたんぱく質食材をまぜ込み＆巻き込み。平べったい小判形や円盤状に成形すると、前歯でかじりとりやすい！

時短サブ
余裕があれば、ゆで野菜やレンチン野菜、大人からとり分けたみそ汁やスープ、果物などを添えて栄養バランスアップ。

冷凍OK 青のりとおかかで風味アップ！

卵ごはんお焼き

マネする
まとめて作って冷凍すると便利。2食分なら2倍量に

材料（1回分）

A │ 軟飯…90g
　│ 卵…1/2個
　│ 青のり、かつお節…各少々

米油…少々

★量をふやして、好みの回数を冷凍OK。

1. 耐熱ボウルにAを入れてまぜる。
2. フライパンに米油を熱し、1をスプーンで5～6等分して並べ、もんじゃヘラ2本ではさむようにして丸める。
3. 中火で両面をカリッと焼く。

冷凍OK オクラのとろみでのどごし◎

オクラと大根のすまし汁

材料（大人2人分+子ども1人分）

オクラ…8本
大根（皮をむく）…5cm長さ
だし…400ml

A │ しょうゆ…大さじ1
　│ みりん…大さじ1/2

1. オクラはガクをとってこまかく刻む。大根は1～2cm長さの細切りにする。
2. 鍋にだしと1を入れて火にかけ、野菜がやわらかくなるまで煮て、子ども用にとり分ける。
3. 大人用にAを加えてひと煮する。

手づかみ主食 RECIPE ［ごはん］

しらすのほのかな塩味がポイント
しらすと青菜のごはんお焼き

材料（1回分）

A ｜ 軟飯…90g
　｜ しらす干し（塩抜きずみ）…15～20g
小松菜…15g
米油…少々
★量をふやして、好みの回数を冷凍OK。

1 小松菜はみじん切りにして耐熱容器に入れ、水大さじ1を加えて電子レンジで50秒ほど加熱し、水けをきる。
2 耐熱ボウルに1とAを入れてまぜる。
3 フライパンに米油を熱し、2をスプーンで5～6等分にして並べ、もんじゃヘラ2本ではさむようにして丸め、円盤形につぶす。
4 中火で両面をカリッと焼く。

冷凍OK

もちもちごはん生地でピザ風に♡
ごはんピザ

材料（1回分）

軟飯…90g
小麦粉…小さじ1～2
冷凍オニオンMIX（p.99）…20g
トマトケチャップ…小さじ1
ピザ用チーズ…適量
米油…少々
★量をふやして、好みの回数を冷凍OK。

ラクする
手作りピザソースも簡単

1 耐熱容器にオニオンMIXと水をひたひたに入れ、ラップをかけて電子レンジで3～4分加熱し、ケチャップをまぜる。

2 軟飯に小麦粉を加え、つぶすようにしてまぜる。

3 フライパンに米油を熱し、2を丸く広げて、中火で1～2分焼き、上下を返して押しつけながらさらに1～2分焼く。

4 1を塗り、チーズをのせる。ふたをして弱火にし、さらにチーズがとけるまで焼き、食べやすく切る。

冷凍OK

カルシウム補給におすすめ！
鮭のごはんお焼き

材料（1回分）

軟飯…90g
鮭…15～20g
小松菜…15g
米油…少々
★量をふやして、好みの回数を冷凍OK。

1 鮭はゆでて、ほぐす。
2 小松菜はみじん切りにして耐熱容器に入れ、水大さじ1を加えて電子レンジで50秒ほど加熱し、水けをきる。
3 耐熱ボウルに1と2を入れてまぜる。
4 フライパンに米油を熱し、3をスプーンで5～6等分して並べ、もんじゃヘラ2本ではさむようにして丸める。
5 中火で両面をカリッと焼く。

冷凍OK

手づかみ主食 RECIPE ［パン］

冷凍OK

食物繊維がたっぷり！
バナナオートミールパン

材料（5〜6個分／1回1〜2個）
バナナ…1本（80〜100g）
オートミール…70g
牛乳（または豆乳）…70ml
卵…1個
ベーキングパウダー…4g

1 オートミールに牛乳を加え、10分ほどおき、バナナを加えてフォークやマッシャーでつぶす。

2 卵を加えてまぜ、ベーキングパウダーを加え、手早くまぜる。

3 シリコンカップに等分に流し、ラップをかけずに電子レンジで3分30秒加熱する。ラップをしてあら熱がとれるまでおく。

香ばしいきな粉が隠し味
かぼちゃロールサンド

材料（1回分）
かぼちゃ（皮を除く）…30g
A｜プレーンヨーグルト…小さじ1〜2
　｜きな粉…少々
サンドイッチ用食パン…3枚

マネする
マッシュかぼちゃを冷凍しておくといろいろ使える♡

1 かぼちゃは耐熱容器に入れ、水小さじ1をかけ、ラップをかけて電子レンジで1分〜1分30秒加熱し、Aをまぜる。

2 食パンは奥側の1辺を斜めにカットして、広げたラップにのせて1を塗る。

3 手前から巻き、ラップで包んで両端をねじって留める。冷蔵室で5分おき、食べやすく切る。

冷凍OK

チーズのコクでうまみアップ
にんじんチーズ蒸しパン

ゆるくてOK
卵を使わず牛乳を少しふやして調整してもOK！もっちり濃厚チーズ味に

材料（5〜6個分／1回1〜2個）
にんじん（皮をむく）…1/4本（30g）
A｜牛乳（または豆乳）…80ml
　｜スライスチーズ…2枚（30g）
卵…1個
小麦粉（または米粉）…100g
ベーキングパウダー…4g

1 耐熱容器にAを入れ、電子レンジで1分加熱してまぜ、チーズをとかす。

2 にんじんをすりおろして加え、卵、小麦粉を加えてまぜる。

3 ベーキングパウダーを手早くまぜ、シリコンカップに分け入れる。

4 深めのフライパンに深さ1cmの湯を沸かし、3を並べ、ふたをして中火で7分ほど蒸し、そのまま5分蒸らす。あら熱がとれたら1個ずつラップで包み、フリーザーバッグに入れる。

時短サブ RECIPE

大人にもおいしい作りおき副菜
さつまいものレモン煮

材料（作りやすい分量）
さつまいも
　（1cm厚さの輪切り）
　　…1本（400g）
レモン汁…大さじ1

1. さつまいもは水に5分ほどさらしてアク抜きをし、鍋に入れる。ひたひたの水（400〜500ml）を注ぎ、レモン汁を加えて火にかける。

2. やわらかく煮えたらそのまま冷まし、あら熱がとれたら保存容器へ。冷蔵室でも3〜4日保存可能。

冷凍OK

フレーク&レンジで究極時短！
簡単コーンスープ

材料（1回分）
とうもろこしフレーク…3g
顆粒かたくり粉…適量
牛乳（または豆乳）
　…大さじ1

ラクする
最後に牛乳を加えるとおいしいし、早く冷める！

とうもろこしフレークに湯30mlを加えてよくまぜ、電子レンジで10〜20秒加熱する。顆粒かたくり粉を振り入れてとろみをつけ、牛乳を加えてまぜる。とろみがつかない場合は、10秒ほど再加熱する。好みでゆで野菜を入れても。

まろやかなコクをまとわせて
ヨーグルトサラダ

材料（1回分）
トマト（湯むきする）
　…10g
じゃがいも（皮をむく）
　…15g
きゅうり（皮をむく）…10g
プレーンヨーグルト
　…大さじ1〜2

1. じゃがいも、きゅうりは角切りにして耐熱容器に入れ、かぶるくらいの水を加えてラップをかけて電子レンジで1分ほど加熱する。

2. 1の水けをきり、角切りにしたトマト、ヨーグルトを加えてまぜる。

ゆるくてOK
じゃがいものかわりに、バナナもおすすめ♡

パクパク期　103

1才～1才6カ月ごろ パクパク期

献立パターン2
オールインワン な親子ごはん

栄養満点のどんぶりや麺メニュー。フライパンや鍋ひとつで作れて、調理はもちろん、あと片づけがラクなのも地味にうれしいポイントです。

オールインワン
1品に3つの栄養源をバランスよく含む、どんぶり物やめんメニュー。大人からのとり分けで親子でいっしょに「いただきます♡」。子ども用は1回分多めに作って冷凍しておくと、何かと便利！

マネする — とり分け後に追い調味

ラクする — 2回分とり分けて1食冷凍

冷凍OK
どっさり野菜で栄養満点

具だくさん中華丼

ゆるくてOK — ヤングコーンや水煮たけのこ、チンゲンサイを加えても♪

材料（大人2人分＋子ども2回分）
- 豚薄切り肉…200～250g
- 酒…大さじ1
- おろししょうが（チューブ）…少々
- かたくり粉…大さじ2
- 白菜…1/8個（300g）
- にんじん（皮をむく）…1/3本（60g）
- しめじ…1/2袋（70g）
- うずら卵（水煮）…6個
- A｜酒、みりん…各大さじ1／しょうゆ…大さじ1/2
- ごま油…少々
- B｜しょうゆ…少々／鶏がらスープのもと…小さじ2／塩…小さじ1/3～1/2
- C｜かたくり粉、水…各大さじ1
- 軟飯…90g
- あたたかいごはん…2人分

1. 豚肉は一口大に切り、酒、しょうがをもみ込み、かたくり粉をまぶす。白菜は1cm幅くらいの細切りに、にんじんは拍子木切りに、しめじは石突きをとってほぐす。
2. フライパンにごま油を熱し、豚肉をいため、色が変わってきたら、にんじん、白菜、しめじの順に加え、いためる。
3. 水400mlとA、うずら卵を加え、ふたをして弱めの中火で15分ほど煮る。
4. 耐熱容器に豚肉40g、野菜とスープ合わせて160gほどをとり分け、キッチンばさみで食べやすく切り、半量（うずら卵は除く）は保存容器に入れてあら熱がとれたら冷凍し、残りは顆粒かたくり粉（p.15）でとろみをつけて軟飯にかける。
5. 残りの3にBを加えてひと煮し、まぜ合わせたCでとろみをつけ、ごはんにかける。

あんがからんで食べやすい

あんかけ焼きそば

材料（大人2人分＋子ども2回分）

中華めん…3玉
牛薄切り肉…150g
ピーマン（細切り）
　…2個（80g）
もやし…1袋
かたくり粉…大さじ1

A｜ しょうゆ、酒、
　　鶏がらスープのもと
　　　…各大さじ1/2
　　オイスターソース…小さじ1
　　塩…少々

B｜ かたくり粉…小さじ2
　　水…大さじ1

1. 子ども分の中華めん2/3玉は、袋の上からフライ返しで8等分に切り、耐熱容器にかぶるくらいの水とともに入れ、電子レンジで2分加熱して湯を切る。

2. 残りの大人用のめんは、電子レンジで2分加熱し、ごま油を熱したフライパンで焼いて両面に焼き目をつけ、とり出す。

3. 牛肉は細切りにし、かたくり粉をまぶし、油を熱したフライパンでいため、色が変わってきたらフライパンの奥側に寄せ、ピーマンともやしを加えていためる。

4. しんなりしたら、耐熱ボウルに肉40g、野菜80gをとりわけて、水80mlを入れ、ラップをして電子レンジで3分加熱し、キッチンばさみで食べやすく切る。半量を保存容器に入れ、あら熱がとれたら冷凍する。残りは顆粒かたくり粉（p.15）でとろみをつけて、1にかける。

5. 3のフライパンに水300mlとAを加えてひと煮し、まぜ合わせたBでとろみをつけ、2にかける。

冷凍OK

ジュワッとうまみがあふれます

高野豆腐の親子丼

材料（大人2人分＋子ども2回分）

高野豆腐…2枚（40g）
にんじん…1/2本（75g）
玉ねぎ…1/2本（100g）
いんげん…4〜5本（30g）
とき卵…2個分
昆布だし…400ml
めんつゆ（3倍濃縮）
　…大さじ1〜2
軟飯…90g
あたたかいごはん…2人分

1. 高野豆腐は水でもどし、1cm角に切る。にんじん、玉ねぎも1cm角に、いんげんは小口切りにする。

2. 鍋にだし、1を入れて火にかけ、沸騰したらふたをして15分ほど煮て、野菜に火を通す。

3. とき卵を回し入れ、菜箸で大きくまぜ、卵がかたまったら火を止める。

4. 3の1/4量をとり分け、半量を軟飯にかける。残りは保存容器に入れ、あら熱がとれたら冷凍する。

5. 大人用に残りの4にめんつゆを加えて調味し、ごはんにかける。

冷凍OK

冷凍OK

鶏ささ身の
ゆで汁は
スープに活用！
(p.109)

ツナ缶やほぐしささ身でもOK

鶏ささ身のトマト豆乳クリームパスタ

材料（大人2人分＋子ども2回分）

鶏ささ身肉…4本
かたくり粉…適量
玉ねぎ（5mm角に切る）
　…1/2個
トマト水煮パック
　（あらごしタイプ）
　…1パック（300g）
豆乳…50ml

A｜豆乳…150ml
　｜顆粒コンソメ…小さじ1〜2
塩、こしょう…各少々
スパゲッティ
　（袋の表示どおりにゆでる）…200g
早ゆでパスタ
　（袋の表示どおりにゆでる）…60g
オリーブ油…少々

1. 鶏ささ身はかたくり粉をまぶして熱湯に入れ、弱火で2分ゆでて火を止め、ふたをして10分おく（ゆで汁はとっておく）。

2. フライパンにオリーブ油を熱し、玉ねぎをいため、しんなりしてきたら1のゆで汁100ml、トマト水煮を加えて15〜20分ほど煮る。

3. 1の鶏肉をとり出し、ビニール手袋をした手でほぐしながら筋をとり、子ども用40gはキッチンばさみで小さく切る。

4. 小さめのボウルに2を100g、3の子ども分を入れ、早ゆでパスタ、豆乳50mlを加えてまぜる。半量を器に盛り、残りは保存容器に入れて、あら熱がとれたら冷凍する。

5. 大人用に2のフライパンにAを加えてひと煮し、スパゲッティを加えてからめ、塩、こしょうで調味する。

刻み野菜の冷凍があれば包丁いらず

野菜たっぷりドライカレー

「辛くない
カレー粉」
がおすすめ

材料（大人2人分＋子ども2回分）

オニオンMIX（p.99）…240g
おろしにんにく（チューブ）…少々
豚ひき肉…200g

A｜トマトケチャップ…大さじ1
　｜カレー粉…小さじ1
B｜トマトケチャップ、
　｜ウスターソース…各大さじ1
　｜カレー粉…小さじ1
塩…少々
オリーブ油…少々
軟飯…90g
あたたかいごはん…2人分

1. フライパンにオリーブ油を熱し、オニオンMIXとにんにくを入れてしんなりするまでいためる。（オニオンMIXは電子レンジで3〜5分加熱すると、いため時間の短縮に！）

2. ひき肉160gを加えていため、色が変わったら水200mlを加え、ふたをして野菜がやわらかくなるまで約10分煮て、Aを加えてまぜる。

3. 子ども用に1/4量（100〜110g）をとり分け、半量を軟飯にかける。残りは保存容器に入れて、あら熱がとれたら冷凍する。

4. 大人用に3のフライパンにBと残りの豚肉40gを加えていため、塩で味をととのえ、ごはんにかける。

鮭や鯛、かじきなどでも美味！
白身魚のピラフ

ラクする

炊飯器で一発調理！
魚の骨や皮は
加熱後にとるのが
ラク

材料（作りやすい分量）
米…2合
酒…大さじ1
塩…ひとつまみ
A ┃ たら…2切れ
  ┃ オニオンMIX（p.99）…200g
  ┃ 粒コーン…大さじ2
オリーブ油…大さじ1/2
B ┃ 顆粒コンソメ…小さじ1
  ┃ しょうゆ、塩、こしょう
  ┃ …各少々
  ┃ バター…5g

1. 炊飯器の内釜に洗った米、酒、塩を入れ、水を2合の目盛りまで注ぎ、Aをのせてオリーブ油を回しかけ、普通に炊く。
2. たらをとり出し、骨と皮を除いてほぐす。
3. 子ども用に2のたら40gと、1の野菜80g、ごはん160gをとり分ける。湯50mlを加えてまぜ、ラップをかけて蒸らす。半量は保存容器に入れ、あら熱がとれたら冷凍する。
4. 1に2の残りをもどし入れ、Bを加えて全体をまぜる。好みで青のりやパセリを振る。

冷凍OK

まったりクリーム味は子どもウケ抜群
鮭とほうれんそうのクリームうどん

材料（大人2人分＋子ども2回分）
生鮭…2切れ（160g）
ほうれんそう…1/2束（120g）
玉ねぎ…1/2個（120g）
バター…5g
A ┃ 牛乳…200ml
  ┃ 米粉（または小麦粉）…大さじ3
B ┃ 牛乳…100ml
  ┃ 顆粒コンソメ…小さじ1～1.5
  ┃ 塩、こしょう…各少々
  ┃ めんつゆ（3倍濃縮）…好みで
冷凍うどん…2.5玉

1. うどんは袋の表示どおりに電子レンジであたため、1/2玉はキッチンばさみで2～3cm長さに切る。玉ねぎは短めの薄切りにする。
2. フライパンに湯を沸かし、ほうれんそう、鮭をゆで、鮭は骨と皮を除いて軽くほぐす。ほうれんそうは食べやすく刻む。
3. フライパンをさっとふき、バターを熱して玉ねぎをいため、水300mlを加えてふたをし、やわらかくなるまで15分ほど煮る。
4. ほうれんそうを加え、よくまぜ合わせたAを加え、とろみがつくまでまぜながら煮る。
5. 4の1/3量を子ども用にとり分け、2を40g加えてまぜ、ほうれんそうはさらに刻んで、半量は1でカットしたうどんにまぜる。残りは保存容器に入れて冷凍する。
6. 大人用に4に残りの鮭を加えて、Bで調味し、うどんにかける。

ゆるくてOK

冷凍したソースは
パンやごはんに
かけても◎!!

冷凍OK

パクパク期　107

1才～1才6カ月ごろ
パクパク期

\ 献立パターン 3 /
作りおき主菜 ＋ とり分け副菜

冷凍ストックのメインのおかずと、大人ごはんの調理の際にとり分ける汁物やサラダ、小鉢などを組み合わせた、一汁一菜の献立です。

フリージング
作りおき主菜
メインとなる肉や魚、卵のおかずは、一気に4回分作って冷凍ストック！

ラクする
冷凍室にメインがあれば、時間がない日もあわてない！

マネする
ゆで野菜を添えれば、彩りも栄養もアップ

とり分け副菜
薄味でとり分けてから、大人用に調味

軟飯
軟飯90g、またはごはん80g。分量は赤ちゃんの食欲に合わせて調整して。

冷凍OK / **作りおき主菜**
豆腐を入れてやわらか食感に
ミニハンバーグ

材料（4回分）
牛ひき肉…80g
絹ごし豆腐…30～35g
玉ねぎ（みじん切り）…40g
塩…少々　米油…少々

1. ボウルに材料をすべてねりまぜ、8等分に丸める。
2. フライパンに米油を熱して1を並べて両面を焼き、水50ml程度を加えてふたをし、5分ほど蒸し焼きにする。途中でもんじゃヘラ2本を使って上下を返す。

冷凍OK / **とり分け副菜**
トマトからもいいだしが出る
トマトと白菜のスープ

材料（大人2人分＋子ども1回分）
トマト…1個
白菜…1/8個
大根…5cm
A｜水…400ml
　｜昆布（細切り）…5本
みそ…大さじ1

1. トマトは湯むきして種を除き、1cm角に切る。白菜は1cm四方に、大根は薄い短冊切りにする。
2. 鍋にA、1を入れて火にかけ、野菜がやわらかくなったら、子ども用にとり分ける。
3. 大人用はみそを加えて調味する。

かじきの照り煮

冷凍OK / 作りおき主菜

かたくり粉で舌ざわりよくして

材料（4回分）

かじき…1切れ（80g）　米油…少々
かたくり粉…小さじ1

A｜酒…小さじ1/2
　｜しょうゆ…2～3滴

1. かじきは酒小さじ1（分量外）をふって5分おいて水けをふき、16等分にし、かたくり粉をまぶす。
2. フライパンに米油を熱して1を両面焼き、水大さじ2とAを加えてひと煮する。

ほうれんそうとにんじんのごまあえ

冷凍OK / とり分け副菜

ごまの風味が食欲をそそる

材料（大人2人分＋子ども1回分）

ほうれんそう…1/2束
にんじん（皮をむく）…1/2本
すり白ごま…適量
しょうゆ…1～2滴

A｜白すりごま…大さじ3
　｜しょうゆ、砂糖…各小さじ2弱

1. にんじんは細切りにする。鍋に湯を沸かし、ほうれんそうとにんじんをやわらかくゆで、水けをきる。ほうれんそうは食べやすい長さに切る。
2. 1から子ども用に30gをとり分け、はさみで刻む。ごま少々、しょうゆを加えてまぜる。
3. 大人用はAを加えてまぜる。

※ごまが初めての場合は、少量から試し、その後の体調の変化に気をつけてください。

ラクする
冷凍ほうれんそうやスライサーを活用すると時短に

キャベツシューマイ

冷凍OK / 作りおき主菜

キャベツを皮がわりに使って

材料（4回分）

豚ひき肉…80g
玉ねぎ（みじん切り）…80g
キャベツ（せん切り）…40g
粒コーン…8粒

A｜かたくり粉…大さじ1
　｜しょうゆ…2～3滴
　｜砂糖…ひとつまみ
　｜ごま油…少々

1. キャベツは塩少々（分量外）を加えて塩もみし、しばらくおいてからさっと水で洗って水けをしぼる。
2. 耐熱容器に玉ねぎ、水少々を入れ、ラップをかけて電子レンジで1分30秒～2分加熱し、あら熱がとれたらひき肉、Aを加えてまぜる。
3. 2を8等分に丸める。表面に1をつけ、コーンを飾る。耐熱皿に並べ、水大さじ1を振りかけ、ふんわりラップをかけて電子レンジで4分ほど加熱する。

オクラとわかめの中華スープ

冷凍OK / とり分け副菜

とろんとやさしい口当たり

材料（大人2人分＋子ども1回分）

オクラ…5～6本
わかめ（乾燥）…大さじ1
えのきだけ…1/4袋

A｜鶏がらスープのもと…小さじ1
　｜しょうゆ…小さじ1/2
　｜塩、ごま油…各少々

1. オクラは小口切りに、えのきはこまかく刻む。わかめは水でもどして食べやすく刻む。
2. 鍋に水400ml（またはp.106の鶏ささ身のゆで汁）、1を入れて野菜がやわらかくなるまで煮たら、子ども用にとり分ける。
3. 大人用にAを加えて調味する。

パクパク期　109

冷凍OK 作りおき主菜
カリカリ＆ほくほく食感がクセになる
鮭のポテトガレット

材料（4回分）
- じゃがいも（皮をむく）…中1個（120g）
- 生鮭…小1切れ（60g）
- 牛乳、小麦粉…各大さじ2
- 粉チーズ…大さじ1/2
- 米油…少々

1. じゃがいもは一口大に切って、耐熱容器に入れて水少々を振り、ラップをかけて電子レンジで2分ほど加熱する。鮭はゆでて骨と皮を除き、ほぐす。

2. ボウルに1と牛乳、小麦粉、粉チーズを加えてよくまぜる。

3. 直径20cmのフライパンに米油を熱し、2をまるく流し、両面をこんがりと色よく焼く。食べやすく切る。

とり分け副菜
彩りもかわいいコロコロサラダ
トマトときゅうりのチーズサラダ

マネする
スティックタイプのチーズなら、はさみでチョキチョキ！

材料（大人2人分＋子ども1回分）
- きゅうり…1本
- トマト（湯むき）…1個
- プロセスチーズ（角切り）…20g
- かつお節…少々

1. きゅうり1/5本は皮をむいて角切りにし、かぶる程度の水を加えてラップをし、電子レンジで30秒ほど加熱する。トマトは種を除いて角切りにする。

2. 1のきゅうりにトマト15g、チーズ5gとかつお節を加えてまぜ、器に盛る。
3. 大人用に残りのきゅうりを角切りにし、残りのトマト、チーズを加え、好みでオリーブ油や塩、こしょうで調味する。

冷凍OK 作りおき主菜
揚げずにサクサク！
ライスコロッケ

マネする
残った衣用のパン粉は冷凍OK！

材料（4回分）
- A 軟飯…360g
     トマトケチャップ…小さじ1
- 玉ねぎ（みじん切り）…20g
- パン粉…適量

1. 耐熱容器に玉ねぎと水をひたひたに入れ、ラップをかけて電子レンジで3～4分加熱し、Aを加えてまぜ、20等分にして丸める。

2. フライパンでパン粉をいり、茶色に色づいたら火を止め、1を入れてまぶす。

冷凍OK とり分け副菜
野菜と鶏肉のうまみがたっぷり
鶏だんご汁

ラクする
冷凍も可能！肉だんごだけ冷凍して味変アレンジも◎

材料（大人2人分＋子ども1人分）
- A 鶏ひき肉…120g
     絹ごし豆腐…30g
     かたくり粉…大さじ1
     塩…ひとつまみ
- 白菜…2～3枚（100g）
- にんじん（皮をむく）…1/3本（50g）
- 大根…2～3cm（100g）
- 昆布だし…600ml
- みそ…大さじ2

1. ボウルにAを入れてよくまぜる。
2. 白菜は1cm四方に、にんじんと大根は薄い短冊切りにする。
3. 鍋にだし、2を入れて中火にかけ、野菜がやわらかくなったら、1をスプーンで一口大に落とし入れ、5分ほど煮て、子ども用に鶏だんご20gと野菜を合わせて30gほど、汁をとり分ける。
4. 大人用にみそを加えて調味する。

冷凍OK / 作りおき主菜

卵と隠しレバーで鉄分補給

スパニッシュオムレツ

材料（4回分）

じゃがいも、ブロッコリー、にんじん…合わせて80g
卵…2個　粉末鶏レバー…4g　米油…少々

1. 野菜はこまかく切って耐熱容器に入れ、水少々を加え、ラップをかけて電子レンジで2～3分加熱する。
2. あら熱がとれたら卵と粉末鶏レバーを加えてまぜる。
3. 卵焼き用フライパンに米油を熱し、2を流し入れてアルミホイルをかぶせる。弱火で蒸し焼きにし、上下を返して両面焼く。8等分に切り分け、6つは冷凍する。

とり分け副菜

一度の調理で3種類が完成

日がわりポタージュ

材料（3種×2回分）

じゃがいも（皮をむく）…2個（200g）
玉ねぎ…1/2個（120g）
にんじん（皮をむく）…1/2本（80～100g）
小松菜（葉のみ）…1株

ラクする
じゃがいもをさつまいもにかえても美味！

1. じゃがいもは一口大に、玉ねぎはざく切りに、にんじんは縦4等分にし、鍋に入れ、かぶるくらいの水を加えてゆでる。にんじんがやわらかくなったら、小松菜を加えてさらに煮る。
2. にんじん、小松菜をとり出し、残りをブレンダーで攪拌し、1/3量をとり分ける。
3. 残りの半量ににんじんを、もう半分には小松菜を加え、それぞれブレンダーで攪拌する。食べるときに牛乳を加えて好みのゆるさに。

冷凍OK / 作りおき主菜

甘みとうまみのマリアージュ♡

かぼちゃとさばの豆腐お焼き

材料（4回分）

かぼちゃ…120g
さば水煮缶（食塩不使用）…40g
絹ごし豆腐…60～70g
かたくり粉…大さじ2
米油…少々

1. かぼちゃは耐熱容器に入れ、水大さじ1を加えてラップをかけ、電子レンジで3～4分加熱し、皮を除いてつぶす。
2. さばをほぐして加え、豆腐、かたくり粉をまぜ、8等分の円盤状に成形する。
3. フライパンに米油を熱し、2を両面焼く。

冷凍OK / とり分け副菜

野菜の種類は好みでアレンジ！

野菜スープ

材料（大人2人分＋子ども1回分）

キャベツ…100g
にんじん…1/2本
粒コーン…大さじ3
A｜顆粒コンソメ…小さじ1～2
　｜塩、こしょう…各少々

1. キャベツは小さめのざく切りに、にんじんは1cm角に切る。
2. 直径20cmくらいの鍋に水600mlと1、コーンを入れて中火にかけ、10分ほど煮て、子ども用にとり分ける。
3. 大人用はAを加えて調味する。

column

izumiの3人子育て
パクパク期を振り返って

1才のお誕生日は、赤ちゃん時代を卒業してしまうようで、うれしいような ちょっぴり寂しいような。3人ともおそろいのケーキを作ってあげました！

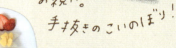

1人目

1才から慣らし保育。泣いて疲れて食欲すごい！

1才になると同時に、保育園の慣らし保育へ。泣いて泣いて体力を使ったからか、食欲がすごい！疲れたね。よくがんばりました。

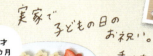

実家で子どもの日のお祝い。手抜きのこいのぼり！

きゅうり、薄焼き卵、いちごをのせて、目玉はチーズとのりです。

2人目

バースデーケーキは食パンを円くくり抜いて重ねました

食パンをコップ（直径6cm）で2枚くりぬいて、水きりヨーグルトとフルーツを重ねて完成！1人目と3人目は、手づかみボーロで囲みました。

このころブームだった紫いもパウダーのパンケーキ

娘も手づかみ真っ盛り。紫いもパウダーをまぜて焼いたパンケーキに、ヨーグルトとブルーベリージャムのうさぎちゃんを添えて♡

3人目

遅ればせながらの一升米にしました

お子さまランチプレートは1人目のときのを完コピ♪

トマトパスタ、くまさんピラフ、オムレツ、ハンバーグ、えびフライ風コロッケ（p.141参照）、ポテサラ、チーズいももち、いちごミルク寒天。コーンスープもセットで！むしゃむしゃ食べて「おいしい」ポーズもいただきました。

前歯が生えそろって蒸しパンもかじれる！

上下の前歯が生えそろってうまくかみ切れるようになったら、蒸しパンをよく食べるように！せっせと作ってストックしてます♪

112

1才(離乳完了)～5才

幼児期

のフリージング献立
&親子ごはん

幼児期になると、好き嫌いがはっきりしてきて、野菜はイヤ!
お魚は嫌い! 白いごはんは食べない! などの自己主張もしっかり。
一方で、行動範囲は広がっていき、お出かけやイベントなどの
お楽しみもふえていきます。
そこで、この本では10のテーマに分けて、幼児期に役立つ
アイデアやメニューをご紹介します。
余裕のあるときに多めに作って、フリージングも続けつつ、
日々のごはんは時短でラクする!
izumi式で賢くやりくりしていきましょう♪

やさしい薄味・食べやすさをキープして♪

1才（離乳完了）〜5才 幼児期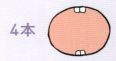
ってこんな時期

離乳食から少しずつステップアップして、大人の食べ方・食事内容に近づいていく幼児期。
奥歯が生えそろうまでかむ力は弱いので、食べやすいように調理の工夫が必要です。

3才ごろ乳歯20本が生えそろうまでかむ力は弱い

最初の奥歯が生えてかみ合うのは、1才半〜2才ごろ。2才半〜3才半ごろに2本目の奥歯が生えそろい、ようやく大人とほぼ同じようにかめるように。3才ごろまでかむ力は弱いと考え、食べやすいかたさ・大きさに調整しましょう。

内臓の機能はまだ不十分。塩分は控えめに

塩分を排出する腎臓の機能は、大人にくらべて未熟です。味つけは薄味をキープしたいところ。いきなり外食の濃い味や、刺激の強い味に慣れないように気をつけて。

好き嫌い・食べムラは調理法やかわいさが大事！

野菜はおいしいだしで煮たら食べたり、ごはん嫌いなのにおにぎりに顔をつけたら食べたり。なぜかヒットすることがあるので、親もあきらめずにチャレンジしましょう！

2〜3才でスプーンの練習。箸は4〜6才ごろでOK

手づかみ食べで一口量をかじることが上手になってきたら、スプーンにもトライを。2〜3才で1食をほぼスプーン・フォークで食べられるようになると、親もラクに！ 箸の練習は、指先に力が入れられる4〜6才ごろでOKです。

歯の生え方の目安

2本 — 7〜8カ月ごろ
下の真ん中の前歯
早い子は5カ月、遅い子は9カ月と、差があります。

4本 — 8〜9カ月ごろ
上の真ん中の前歯
下→上の順で生えるのが一般的ですが、逆でも問題ありません。

8本 — 1才ごろ
上下の前歯がそろう
上下4本ずつの前歯がそろうと、一口量をかみとれるように。

16本 — 1才半〜2才ごろ
犬歯、第一乳臼歯が生える
最初の奥歯が生え、かむ力がアップしていきます。

20本 — 2才半〜3才半ごろ
第二乳臼歯が生える
乳歯の歯並びが完成！大人と同じかみ方に。

24本 — 6才ごろ
第一大臼歯が生える
永久歯の奥歯が生え、さらに下の前歯が抜けて永久歯に生えかわります。

※食べる量やかたさは目安なので、お子さんの食欲や成長・発達の様子を見て調整してください。

朝・昼・夕+おやつで1日に食べたい目安量

	幼児食前半 1~2才	幼児食後半 3~5才
エネルギー源食品	☐ ごはん 80~100g ☐ ゆでうどん 100~120g ☐ 食パン 50g（8枚切り1枚）	☐ ごはん 100~120g ☐ ゆでうどん 140~180g ☐ 食パン 60g（6枚切り1枚）
ビタミン・ミネラル源食品	☐ 緑黄色野菜 90g ☐ 淡色野菜（きのこ含む）120g ☐ いも 40g ☐ 海藻（焼きのり）1~2枚 ☐ 果物 100g	☐ 緑黄色野菜 90g ☐ 淡色野菜（きのこ含む）150g ☐ いも 60g ☐ 海藻（焼きのり）1~2枚 ☐ 果物 150g
たんぱく質源食品	☐ 大豆製品（納豆）3/4パック ☐ 魚介 30~40g ☐ 肉 30~40g ☐ 全卵1/2~2/3個 ☐ 乳製品 以下から2~3つ分 　牛乳100ml・ヨーグルト100g・チーズ20g	☐ 大豆製品（納豆）1パック ☐ 魚介 40g ☐ 肉 40g ☐ 全卵1/2~2/3個 ☐ 乳製品 以下から2~3つ分 　牛乳100ml・ヨーグルト100g・チーズ20g

献立例

献立にいろいろな食材をとり入れよう！

梅おかかおにぎり　　きゅうりの浅漬け
ふりかけおにぎり　　鶏だんごと野菜のみそ汁
鮭フライ・ポテトフライ　ぶどう　皮をむいて食べるときに4等分

幼児期　115

1才(離乳完了)～5才 幼児期

\ アイデア 1 /
作りおき&フリージング

大人からのとり分け調理がしやすい幼児食からは、下ごしらえずみ食材の冷凍が大活躍！「ゆでておくだけ」「切っておくだけ」の冷蔵ストックも便利です。

☑ 「ついで」に仕込む!
冷蔵ストック

その日の調理に使わない分も、まとめて下ごしらえ。切っておくだけ、ゆでておくだけで、次の調理が格段にラクになります！

マネする
皿に盛るだけでサラダになる♡

ゆでおき野菜

にんじん、ほうれんそう、ブロッコリーなどの「ゆでおきストック」。メインにちょっと添えるだけで彩りも栄養もアップします。

切りおき野菜

ちぎったレタス、適当な長さに切った水菜、大根、にんじんなど。ささっとドレッシングであえてサラダにしたり、肉や魚の下に敷いたり、みそ汁に入れたりと、何かと使えます！ 生野菜は2〜3日で使い切って。

スピードたんぱく質食材

刻み油揚げ、刻みちくわ、しらす干し、ゆでるかレンジ加熱してほぐした鮭、ゆで卵など。みそ汁にほうり込んだり、いため物に入れたり、ごはんにまぜたり、活躍用途は無限大。

たとえば
ゆでおき野菜 & ゆで卵で

ブロッコリーのタルタルサラダ

ゆで卵とゆでブロッコリーを刻んで、マヨネーズであえるだけ。大人は塩、こしょうで調味を。

ほうれんそうの卵サラダ

ブロッコリーをゆでほうれんそうにかえても、もちろん美味。

☑ 時短の救世主！ 素材フリージング

買い物に行く暇もないっていう日だって、冷凍室に食材があれば安心。「早く使い切らなきゃ！」と焦らなくてもいいのもありがたい！

ゆるくてOK

刻んで冷凍するだけ！

野菜いろいろ

刻んだ小松菜、えのきだけ、オクラなどは、フリーザーバッグに入れて平たくして冷凍室へ。火の通りが早く、時短に。レンチンかぼちゃやさつまいも煮なども、作るたびに冷凍ストック。

ラクする

市販の冷凍食材、種類豊富♡

市販の冷凍野菜

ミックスベジタブル、粒コーン、刻みオクラなど。冷凍のカットほうれんそう、ゆでブロッコリー、かぼちゃなども愛用しています。

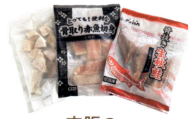

市販の冷凍たんぱく質

鶏ひき肉、むきえび、骨を除いた切り身魚など、いろいろなメニューに重宝する素材系のほか、ミニウインナソーセージ、豆腐ハンバーグなど、手軽な1品となる加工食品もストック。

☑ あると安心！ 常温ストック

乾燥わかめ、塩昆布、きな粉、切り干し大根、小えび、レーズンなどの乾物類。栄養価が高くて風味もよいので、薄味に仕上げたい幼児食の強い味方です。

マネする

ほかにも青のり、かつお節、ごまなどを常備！

☑ 子どもが好きな味♡ 米粉のホワイトソース

クリーミーでうまみの濃いホワイトソースは、子どもウケ抜群。ダマにならずに作りやすい米粉ホワイトソースの冷凍ストック、おすすめです。

材料（作りやすい分量）
バター…30g
米粉…大さじ3
牛乳…300〜400ml

ゆるくてOK 米粉は同量の小麦粉に変更可能！

冷凍OK

ボウルにバターを入れ、電子レンジで20〜30秒加熱してやわらかくする。米粉を加え、なめらかになるまでまぜる。

牛乳を少しずつ加えてまぜ、ラップをかけずに電子レンジで1分加熱する。とり出してまぜ、1分加熱し、さらにとり出してよくまぜ、1分加熱する。

再びよくまぜ、追加で30秒ずつ加熱しながら、とろみがついたらでき上がり。好みで塩、こしょう、顆粒コンソメで味つけする。

鍋でも作れる！ 鍋にバターを熱してとかし、米粉をまぜ、牛乳を少しずつ加え、まぜながらとろみがつくまで煮詰める。

展開1　野菜もおいしく食べられる♡
さつまいもとほうれんそうのグラタン

材料（作りやすい分量）
米粉のホワイトソース…全量
さつまいも…1本
ほうれんそう…1/2束
ピザ用チーズ…適量

1. さつまいもは一口大に切って水にさらし、電子レンジで加熱してやわらかくする。ほうれんそうは熱湯でゆで、水にとってしぼり、3〜4cm長さに切る。

2. 耐熱容器に1を入れ、ホワイトソースをかけ、チーズを散らす。オーブントースターで焼き色がつくまで焼く。

展開2　下ごしらえストックをフル活用
鮭とほうれんそうのシチューごはん

米粉のホワイトソースに冷蔵ストックのほぐし鮭とゆでほうれんそう（p.116）を加えて、電子レンジであたためたら完成。ごはんにかけても、パンにのせてトーストしても。

展開3　トマトの酸味まろやかに
トマトクリームパスタ

トマト系のソースにホワイトソースをまぜるとまろやかなうまみが加わって、ごちそう感も演出できます。

☑ 下ごしらえ冷凍
うまみもやわらかさもアップ！

肉や魚に下味をつけて冷凍室に入れておけば、少ない調味料でしっかり味がしみます。塩麹やヨーグルトの効果でくさみがとれて、しっとりジューシーに。

カレーの風味が食欲をそそる
タンドリーチキン

材料（作りやすい分量）

鶏もも肉…1枚
A｜プレーンヨーグルト…大さじ2
　｜トマトケチャップ…小さじ2
　｜カレー粉…小さじ1
　｜しょうゆ、みりん…各小さじ1
　｜塩…ひとつまみ
　｜おろしにんにく（チューブ）…2cm
　｜おろししょうが（チューブ）…2cm
米油…小さじ1

1. 鶏肉はフォークで全体を刺してポリ袋に入れ、Aを加え、袋の上からもみ込む。冷蔵室で1時間〜一晩おく。冷凍もOK。多めに作っておくと助かる！

2. フライパンに米油を熱し、鶏肉を皮目を下にして入れる。こんがりと焼き色がついたら返し、ふたをして弱火にし、5〜6分蒸し焼きにする。食べやすく切り分けて器に盛り、好みの野菜を添える。
★1〜2才はお湯でさっと洗って。

冷凍OK

漬けておくだけでしっとり♡
塩麹チキン

材料（作りやすい分量）

鶏もも肉…1枚
塩麹…肉の重さの1割弱
　　（300gなら大さじ2弱）
酒…大さじ1
米油…小さじ1

1. 鶏肉はフォークで全体を刺してポリ袋に入れ、塩麹、酒を加え、袋の上からもみ込む。冷蔵室で1時間〜一晩おく。冷凍もOK。

2. フライパンに米油を熱し、鶏肉を皮目を下にして入れる。こんがりと焼き色がついたら返し、ふたをして弱火にし、5〜6分蒸し焼きにする。あら熱がとれるまでおき、薄切りにする。
★1〜2才はお湯でさっと洗って、皮をとる。

冷凍OK

オマケの副菜

ぷりぷり＆クリーミーなデリ風小鉢
たことアボカドのマリネ

材料（作りやすい分量）

たこの足…1〜2本
アボカド…1個
ミニトマト…6〜8個
A｜オリーブ油…大さじ1
　｜塩、レモン汁…各少々
B｜しょうゆ…小さじ1
　｜塩、こしょう…各適量

1. たこ、アボカドは一口大に切り、ミニトマトは4等分にして、Aを加え、合わせてあえる。1〜2才は、たこ以外をとり分ける。3才ごろまでトマトの皮はむいてあげて。

2. Bで調味する。大人は塩とわさびをちょい足しすると、おいしい！

1〜2才献立　　**3〜5才献立**

たこなし！

＋ じゃがいも、わかめ、にんじんのみそ汁
えのきと豚ひき肉のそぼろあん
刻んだえのきと豚ひき肉をいためて、酒・しょうゆ・みりん・酢各少々で調味し、顆粒かたくり粉でとろみをつける。

幼児期　119

1才（離乳完了）～5才 幼児期

\ アイデア 2 /
パパッと完成 お急ぎメニュー

保育園から帰ったら腹ペコ、もう待ったなし！
「今すぐごはんにしたい」というときに活躍する、速攻お急ぎメニューを集めました。

ゆるくてOK

とろふわ卵の秘密はマヨネーズ！
天津飯

材料（大人1人+子ども1人分）
- あたたかいごはん…300g
- 卵…3個
- かに風味かまぼこ…4本
- マヨネーズ…小さじ1
- ごま油…小さじ1
- A
  - 水…180ml
  - 鶏がらスープのもと…小さじ1
  - 酒、みりん、しょうゆ…各小さじ1
  - かたくり粉…大さじ1
  - 塩、こしょう…各少々

1 ボウルに卵を割り入れ、かにかまをほぐし入れ、マヨネーズを加えてよくまぜる。

2 フライパンにごま油を熱し、1を流し入れてスクランブル状にいためる。

3 鍋にAを入れ、かきまぜながら、とろみがつくまで加熱する。仕上げにごま油を少し（分量外）たらす。

4 器にごはんを盛り、2をのせ、3をかける。好みでグリンピースをのせる。

冷凍餃子を活用して、時短でボリュームスープ♪

スピード自慢の中華献立
卵チャーハン&餃子スープ

材料（大人1人+子ども1人分）
- あたたかいごはん…300g
- 卵…1個
- ねぎ（みじん切り）…5cm
- ごま油…小さじ1
- しょうゆ…少々
- 塩、こしょう…各適量

〈餃子スープ〉
- 冷凍餃子…4つ
- えのきだけ（刻む）…ひとつかみ
- カットわかめ（乾燥）…小さじ1
- A
  - 水…200ml
  - 鶏がらスープのもと…小さじ1
- B
  - ごま油、しょうゆ、塩、いり白ごま…各少々

1 チャーハンを作る。卵はときほぐす。フライパンにごま油を熱し、ねぎ、卵、ごはんを入れ、ごはんがパラリとするまでいためる。しょうゆ、塩、こしょうで調味する。

2 餃子スープを作る。鍋にAを入れて煮立て、餃子、えのき、わかめを入れてあたためる。わかめはキッチンばさみで食べやすく刻む。Bで調味する。

★子どもにとり分けたあと、大人用は塩、しょうゆを足しても。

➕ **きゅうりのごま油あえ**
輪切りきゅうり、ごま油、塩、しょうゆ、いりごま少々であえるだけ。

卵チャーハン　冷凍OK

お鍋ひとつでとろ〜りおいしい
ワンポットミルクリゾット

ラクする

包丁いらずの冷凍野菜、助かります♡

材料（大人1人+子ども1人分）
あたたかいごはん…200g
ウインナソーセージ（輪切り）…小2〜3本
ミックスベジタブル…50g
A｜水…100〜150ml
　｜顆粒コンソメ…小さじ1
牛乳…200ml
バター…5g
塩、こしょう…各少々

1. 鍋にバターを熱し、ミックスベジタブル、ウインナを入れていためる。
2. Aを加えてまぜ、野菜がやわらかくなるまで煮る。
3. ごはん、牛乳を加えて3分ほど煮て、塩、こしょうで味をととのえる。

★大人は好みであらびき黒こしょう、スライスチーズを入れても!

冷凍OK

★枝豆は3〜4才までは刻んであげて

1〜2才

ゆるくてOK

ごはんでもパスタでもうどんでも!

栄養満点!
ねばねばトリオ
納豆ごはん

材料（子ども1人分）
あたたかいごはん…80〜100g
ひき割り納豆…30g
しらす干し…大さじ1〜2
オクラ（冷凍p.117でもOK）…1本
刻みのり…少々

1. オクラはゆでてこまかく刻む。
2. 器にごはんを盛り、納豆、しらす、1をのせ、のりをこまかくちぎってのせる。しょうゆを数滴たらしても。

3〜5才

長いめんだってもう食べられる!
納豆パスタ

材料（子ども1人分）
スパゲッティ…50〜60g
ひき割り納豆…40g
しらす干し…大さじ2
オクラ（冷凍p.117でもOK）…1〜2本
オリーブ油…小さじ1
A｜めんつゆ（3倍濃縮）…小さじ1
　｜水…大さじ2
刻みのり…ふたつまみ

1. スパゲッティは袋の表示どおりにゆで、いっしょにオクラも1〜2分ゆでてざるに上げ、オクラは小口切りにする。スパゲッティはオリーブ油であえる。
2. 器にスパゲッティを盛り、納豆、しらす、オクラをのせ、まぜ合わせたAをかけ、のりをのせる。

幼児期

冷凍OK

洋食屋さんの味を手軽に再現
えびピラフ風

材料（大人1人＋子ども1人分）

あたたかいごはん…300g
むきえび…30g
玉ねぎ（みじん切り）…1/4個
ミックスベジタブル…30g
顆粒コンソメ…小さじ1/2
バター…5g
塩、こしょう…各少々

※えびが初めての場合は、少量から試し、その後の体調の変化に気をつけてください。

1. フライパンにバターを熱し、玉ねぎ、ミックスベジタブル、えびをいため、ひたひたの水とコンソメを入れて少し煮る。
2. 野菜がやわらかくなったら、ごはんを加えていため、塩、こしょうで味をととのえる。

さわやかな香りもごちそう
ツナトマトそうめん

ラクする
切ってまぜればぶっかけ汁の完成！

材料（大人1人＋子ども1人分）

そうめん（乾めん）…3束（150g）
トマト…大1個
青じそ…3枚
ツナ缶（食塩・油不使用）…小1缶（70g）
A｜めんつゆ（3倍濃縮）…大さじ1
　｜水…90ml
　｜ごま油…少々
粉末鶏レバー…1袋（1g）
いり白ごま…少々

1. トマトは1cm角に切り、青じそは縦半分に切ってせん切りにする。
2. ボウルにA、ツナ（缶汁ごと）、1、粉末鶏レバーを入れてまぜる。
3. そうめんは袋の表示どおりにゆで、冷水で冷やし、水けをきる。器に盛り、2をかけ、ごまを振る。

★大人用は、めんつゆを足してOK。

＋ オクラのごまあえ、ミートボール（市販）
そうめんといっしょにオクラをゆでて刻み、すりごま、しょうゆ、砂糖少々で味つけ。

うどんといっしょに少量のそばを!
お試しそば&うどん

材料(大人1人+子ども1人分)
ゆでうどん…1.5玉
ゆでそば…少々
好みのトッピング(ゆでオクラ、
　天かす、わかめ、刻みのりなど)
　…各適量
かつおだし、めんつゆ(3倍濃縮)
　…各適量

※そばが初めての場合は、少量から試し、その後の体調の変化に気をつけてください。

1. うどん、そばは袋の表示どおりにゆでてざるに上げ、器に盛る。そばは、初めて食べる場合は1～2本から試す。
2. 好みのトッピングをのせ、子どもはだし(もの足りない場合はめんつゆ少々)をかける。大人はめんつゆをかける。

NEW そば

ひき肉を使うと、速攻でうまみが出ます
塩だれあったか豚そうめん

材料(大人1人+子ども1人分)
そうめん(乾めん)…3束(150g)
豚ひき肉…100g
酒、塩…各少々
ゆで卵(4等分)…1個
A｜水…300ml
　｜細ねぎ(小口切り)…5cm
　｜鶏がらスープのもと…小さじ1.5
　｜塩…小さじ1/3
　｜ごま油…小さじ2
　｜おろしにんにく(チューブ)…2cm

1. そうめんは袋の表示どおりにゆでて、ざるに上げ、器に盛る。
2. フライパンにひき肉、酒、塩を入れて熱し、いためて火を通す。
3. 鍋にAを入れて煮立て、2を加え1にかける。ゆで卵をのせる。

マネする
ひき肉の だしでスープが コクうま♡

お肉と野菜をのせれば彩り&栄養OK!
お子さま塩ラーメン

材料(子ども1人分)
中華蒸しめん…1/2玉
好みの具(ゆでたほうれんそう、
　粒コーン、ゆでささ身など)
　…適量
A｜湯…150ml
　｜鶏がらスープのもと…小さじ1/2
　｜塩…少々
　｜ごま油…小さじ1/4
　｜おろしにんにく(チューブ)
　　…少々

1. めんは袋の表示どおりにゆでる。
2. 耐熱容器にAを入れてまぜ、器に注ぐ。1を入れ、好みの具をのせる。

1才（離乳完了）〜5才 幼児期

アイデア 3
気力0（ゼロ）でも作れる省エネごはん

体力おばけの子どもと遊び疲れてクタクタ、仕事帰りでヘトヘト。
そんな日にも省エネモードで親子分のごはんが完成する、お助けレシピです。

冷凍OK

骨まで食べられる水煮缶、優秀です！

さば缶と塩昆布の炊き込みごはん

材料（作りやすい分量）
米…2合
さば水煮缶（食塩不使用）…1缶
塩昆布（減塩）…20g
にんじん（せん切り）…1/3本（50g）
みりん、酒…各大さじ2

炊飯釜に、洗ってざるに上げた米、さば缶の汁、みりん、酒を入れ、2合の目盛りまで水を注いでまぜる。さばの身、塩昆布、にんじんをのせ、普通に炊く。好みでいり白ごまを振る。

マネする

さば缶のかわりにツナ缶でもおいしい

冷凍OK

ひとかけのバターが味の決め手♡

炊飯器ケチャップライス

材料（作りやすい分量）
米…2合
ウインナソーセージ（輪切り）…小4〜5本
冷凍ミックスベジタブル…70〜80g
A｜トマトケチャップ…大さじ4
　｜顆粒コンソメ…小さじ1.5
　｜塩…ひとつまみ
バター…10g

炊飯釜に、洗ってざるに上げた米、Aを入れ、2合の目盛りまで水を注いでまぜる。凍ったままのミックスベジタブル、ウインナをのせ、バターをのせて普通に炊く。

★やわらかめが好きな子は水を少しふやして。

ラクする

卵でくるめば、オムライス♡

たっぷり作って、翌日までラクちん継続
鍋いっぱいおでん

材料（作りやすい分量）
大根…1/4本
おでんだねセット…1パック
はんぺん…1枚
ゆで卵…2〜3個
A │ 水…1ℓ
　│ 昆布…1枚
B │ 酒…1/4カップ
　│ みりん…大さじ2
　│ 塩…小さじ1/2
　│ しょうゆ…大さじ1
しょうゆ…大さじ1〜2

1. 大根は厚めのいちょう切りにする。おでんだねは熱湯をかけ、油抜きする。はんぺんは食べやすく切る。
2. 鍋にAと大根を入れ、15分ほど煮る。おでんだね、はんぺん、ゆで卵、Bを加え、30分ほど煮る。子ども用を盛り、しょうゆを足す。

おでんの炊き込みごはん
ごはんを炊くときに、水のかわりにおでんの汁を目盛りまで入れて、こまかく刻んだ具をのせて炊くだけ！

> マネする
> 残った具と汁で、上品な炊き込みごはんに！

しめの雑炊も最高です
豚肉とさっと煮野菜のだし鍋

材料（作りやすい分量）
豚ロース薄切り肉…200g
白菜…2〜3枚
えのきだけ…1/2袋
にんじん…1/3本
大根…1/4本
しらたき（アク抜きずみ）…1袋
カットわかめ（乾燥）…5g
A │ 水…800ml
　│ だしパック…1個
　│ 酒、みりん、しょうゆ
　│ 　…各大さじ1.5
塩…小さじ1/2

1. 白菜、えのきは食べやすく切る。にんじんと大根はピーラーで薄くむく。しらたきは水洗いし、短く切る。
2. 鍋にAを入れて煮立て、豚肉を入れて火を通す。1、わかめ、あればゆでた型抜きにんじんを加えてさっと煮る。子ども用を盛り、塩で調味する。子ども用は具を食べやすく切ってあげて。

> ゆるくてOK
> 野菜は小松菜でもキャベツでも、好みで白髪ねぎも！

冷蔵庫の在庫整理にもぴったり！
あっさり仕上げのすき焼き鍋

材料（作りやすい分量）
牛こまぎれ肉…200g
白菜…2〜3枚
ねぎ…1/2本
きのこ（えのきだけ、まいたけ）
　…適量
にんじん…1/3本
しらたき（アク抜きずみ）…1袋
焼き豆腐（木綿豆腐）…1丁
A │ 酒、みりん、砂糖
　│ 　…各大さじ2
　│ しょうゆ…大さじ3

1. 白菜、きのこは食べやすく切る。ねぎは斜め切り、にんじんは好みで型抜きする。豆腐は一口大に。しらたきは水洗いし、短く切る。Aはまぜておく。
2. 鍋に水400mlとAの半量を入れて煮立て、牛肉を加えて火を通す。1を加えて20分ほど煮て、子ども用にとり分け、残りのAを加えて調味する。

> マネする
> 子ども用献立はこんな感じ 具を食べやすく切って♪

1才（離乳完了）〜5才 幼児期

\ アイデア 4 /
野菜嫌い克服 ベジレシピ

幼児期の好き嫌いは、ひょんなことから「大好き」に変わることも！
味つけ、食感、見た目に変化をつけて、「野菜が好きになるスイッチ」を探りましょう♡

あったかスープでゴクッと！

マネする
ピーラーでむくと
やわらか食感で
食べやすい！
火の通りも早い！

にんじんは鍋の上でむいて、直接鍋へ投下！
ピロピロにんじんの卵スープ

材料（作りやすい分量）
にんじん…1/4本
卵…1個
A｜水…400ml
　｜鶏がらスープのもと…小さじ1
　｜しょうゆ…少々
顆粒かたくり粉(p.15)、塩…各少々

1. 鍋にAを入れて沸かし、にんじんをピーラーで薄くむきながら入れる。

2. 火が通ったら、顆粒かたくり粉でとろみをつける。卵をときほぐし、回し入れる。塩で味をととのえる。
★大人は＋塩、こしょう

つるんと食感のワンタンがポイント
包まないワンタンスープ

材料（作りやすい分量）
豚ひき肉…50g
もやし…1/3袋
にら…2〜3本
ワンタンの皮…5枚
A｜水…500ml
　｜鶏がらスープのもと…小さじ1
　｜しょうゆ…小さじ1
ごま油、塩…各少々

ラクする
包丁いらずで
パパッと1品！

1. 鍋にAを入れて沸かし、ひき肉、もやしを入れ、にらをキッチンばさみで切りながら入れる。ワンタンの皮を手でちぎり入れる。

2. ごま油、塩で味をととのえる。
★大人は＋塩、こしょう

コクうまサラダでパクッと♡

わが家の子どもたちに大人気の味
かぼちゃサラダ

材料（作りやすい分量）
- かぼちゃ（カットずみ）…小1/4個（正味250g）
- レーズン…大さじ1～2
- プロセスチーズ（角切り）…20g
- プレーンヨーグルト…大さじ2～3
- マヨネーズ…大さじ1.5

1. かぼちゃはさっと水でぬらして耐熱ボウルに入れてラップをかけ、電子レンジで5分加熱して皮を除く。
2. 熱いうちにマッシャーでつぶし、レーズン、チーズを加えてまぜる。あら熱がとれたらヨーグルトと少量のマヨネーズをまぜ、1～2才用はここでとり分ける。残りのマヨネーズをまぜる。

★1～2才はレーズンを刻んでも。

鉄分豊富で甘みもプラスできるレーズンが活躍！
にんじんサラダ

材料（作りやすい分量）
- にんじん…1本（150g）
- レーズン…大さじ1～2
- A
  - オリーブ油…大さじ2
  - 米酢…大さじ1
  - はちみつ（砂糖）…小さじ1/2
  - 塩…少々

1. にんじんはせん切りにし、レーズンとともに耐熱ボウルに入れ、水少々を加えてラップをかけ、電子レンジで2分加熱する（生で食べられるようになったら、加熱しなくても）。
2. 1にAを加えてまぜる。

★大人用は、塩とあらびき黒こしょうを加えて。
★1～2才はレーズンを刻んでも。

マネする

加熱にんじんより
シャキシャキ食感が
好きな子も！

しみしみ煮物でほっこり♡

冷凍OK

うまみたっぷり、ジュワッとあふれるだしで野菜も完食
油揚げと大豆と切り干し大根の煮物

材料（作りやすい分量）
- 切り干し大根…20g
- にんじん…1/3本
- 大豆水煮…60g
- 油揚げ…1枚
- A
  - だし…400ml
  - 酒、みりん、しょうゆ…各大さじ1
  - 砂糖…小さじ1

1. 切り干し大根はさっと洗い、短く切る。にんじんはせん切りにする。油揚げは熱湯をかけて油抜きし、短冊切りにする。
2. 鍋に1と大豆、Aを入れて火にかけ、煮立ったらふたをして、15分ほど煮る。

幼児期

いろいろあえものでマンネリ防止

ごま×マヨ

★3才ごろから

1～2才は煮物、3才からはサラダも！
切り干し大根のごまマヨあえ

材料（作りやすい分量）
- 切り干し大根…20g
- にんじん…1/2本
- きゅうり…1本
- 塩…少々
- A
  - マヨネーズ…大さじ2
  - めんつゆ（3倍濃縮）…小さじ1/2
  - すり白ごま…大さじ2

1. 切り干し大根は水にひたしてやわらかくもどし、しぼって短く切る。にんじん、きゅうりはせん切りにし、塩を振ってもむ。
2. ボウルに1、Aを入れてあえる。

★大人は＋マヨネーズ、めんつゆ

しらす干し×おかか

しらすの塩けを調味料がわりに
ほうれんそうのしらすあえ

材料（作りやすい分量）
- ほうれんそう…1/2束（100g）
- しらす干し…大さじ2（20g）
- かつお節…1パック
- めんつゆ（3倍濃縮）…小さじ1/2

1. ほうれんそうは熱湯でゆで、水にとってしぼり、3cm長さに切る。
2. ボウルに1、しらす、めんつゆ、かつお節を入れてあえる。

★大人は＋めんつゆ

ごま

ちくわのうまみで胃袋キャッチ
ほうれんそうとちくわのごまあえ

材料（作りやすい分量）
- ほうれんそう…1/2束（100g）
- にんじん…1/3本（50g）
- ちくわ…2本
- A
  - すり白ごま…大さじ3
  - しょうゆ…小さじ1
  - 砂糖…小さじ1

1. ほうれんそうは熱湯でゆで、水にとってしぼり、3cm長さに切る。にんじんはせん切りにし、ゆでる。ちくわは縦半分に割り、斜め切りにする。
2. ボウルに1、Aを入れてあえる。

★大人は＋砂糖、しょうゆ

ツナ×マヨ

★3才ごろから

最強ツナマヨにあえる作戦！
大根ときゅうりのツナマヨあえ

材料（作りやすい分量）
- 大根…4～6cm（150g）
- きゅうり…1本（100g）
- 塩…小さじ1/4
- ツナ（食塩・オイル不使用）…小1缶
- マヨネーズ…大さじ2

1. 大根はスライサーで薄切り、きゅうりは輪切りにしてボウルに入れ、塩を振って5分おく。
2. 1の水けをしぼり、汁けをきったツナ、マヨネーズを加えてあえる。

★大人は＋マヨネーズ、塩、こしょう

> しっかり味のおかずにまぜてペロリ♡

マネする
ちくわのうまみで
ピーマンの苦みを
カバー！

食感のバラエティーも楽しい
ピーマンとちくわと大豆の甘辛いため

材料
（作りやすい分量）
ピーマン…1〜2個
ちくわ…4本
大豆水煮…60g
かたくり粉…大さじ1.5
青のり…適量
ごま油…大さじ2
みりん…大さじ2
しょうゆ…大さじ1/2

1 ちくわは縦半分に割って長さを3等分する。ポリ袋にちくわ、大豆、かたくり粉、青のりを入れ、袋の口を閉じて振り、粉をまぶす。

2 フライパンにごま油を熱し、1を入れる。最初はいじらず、カリッとしてきたら返しながらいためる。種を除いたピーマンをキッチンばさみで切りながら入れ、香ばしく焼く。

3 みりん、しょうゆを加えていため、子ども用をとり分け、ちくわをキッチンばさみで小さく切る。大人用はしょうゆ少々（分量外）を足していためる。

冷凍OK

ごはんもグイグイ進みます
ちゅるちゅるチャプチェ

材料
（作りやすい分量）
豚こまぎれ肉…200g
かたくり粉…大さじ1
にんじん…1/2本
もやし…1袋
にら…3〜4本
緑豆はるさめ…50g
ごま油…大さじ1
A ┃ 水…150ml
  ┃ 鶏がらスープのもと
  ┃   …小さじ1
  ┃ 酒、みりん
  ┃   …各大さじ1
  ┃ しょうゆ…大さじ1
  ┃ おろしにんにく
  ┃   （チューブ）…3cm
いり白ごま…適量

1 豚肉は大きければ食べやすく切り、かたくり粉をまぶす。にんじんはせん切り、にらは3cm長さに切る。

2 フライパンにごま油を熱し、豚肉をいためる。にんじん、はるさめ、もやし、にらの順に重ね、Aを回しかけてふたをし、6〜7分蒸す。途中、はるさめをほぐす。

3 ふたをとり、ごまを振って全体をまぜ、子ども用をとり分け、キッチンばさみで小さく切る。大人用はしょうゆ大さじ1/2（分量外）を足してさっと煮る。

冷凍OK

幼児期　129

1才(離乳完了)〜5才 幼児期

\ アイデア 5 /
完食必至 お魚メニュー

火を通しすぎるとパサパサになりやすい魚は、苦手な子も多い食材。
パサつき防止のテクを駆使して、歓声が上がる好物に格上げしましょう♪

カリッと揚げて、うまみをふんわり閉じ込める!
たらの竜田揚げ

材料(作りやすい分量)
真たら…3切れ
塩…ひとつまみ
A ┃ 酒、みりん、しょうゆ…各大さじ1/2
　┃ おろししょうが(チューブ)…1cm
かたくり粉…大さじ3
米油…適量

ラクする
この段階で冷凍しても◎。2週間保存可能です

1. たらは骨をとって塩を振り、5分おく。水けをふいて3〜4等分にし、ポリ袋に入れ、Aを加えてもみ込み、10分ほどおく。
2. ポリ袋にキッチンペーパーを入れて汁けを吸いとり、かたくり粉を加える。袋の口を閉じて振り、粉をまぶす。
3. フライパンの底にたまるくらいの米油を熱し、2を入れ、両面をカリッと揚げる。

まろやかなタルタルを添えてごちそうに
鮭フライwithタルタルソース

材料(作りやすい分量)
生鮭…3切れ
塩…ひとつまみ
マヨネーズ…大さじ1〜2
パン粉、米油…各適量
〈タルタルソース〉
ゆで卵…1個
ゆでブロッコリー(穂先のみ)…2房
マヨネーズ…大さじ1
塩、こしょう…各少々

ラクする
マヨネーズで時短お手軽フライ

1. 鮭は骨をとって塩を振り、5分おく。水けをふいて3〜4等分にし、マヨネーズを塗り、パン粉をまぶす。
2. フライパンの底にたまるくらいの米油を熱し、1を入れ、両面をカリッと揚げる。
3. ゆで卵はフォークでつぶし、マヨネーズ、塩、こしょう、ブロッコリーをまぜ、2に添える。

電子レンジ&切り身で手軽に!
白身魚のアクアパッツア

材料(作りやすい分量)
白身魚(赤魚)…小6切れ
塩…ひとつまみ
あさり…12個くらい
ミニトマト…7〜8個
ゆでブロッコリー…7〜8房
A │ おろしにんにく(チューブ)
  │   …2cm
  │ オリーブ油…大さじ1
  │ 酒…大さじ2
  │ 塩…少々

1 魚は塩を振って5分おき、水けをふく。あさりは塩水(分量外)で砂出しする。

2 耐熱容器に魚を入れ、あさり、ミニトマト、ブロッコリーを入れ、まぜ合わせたAを回しかけ、ラップをかけて電子レンジで3〜4分加熱する。

地味に人気な和の王道メニュー
ぶりの照り焼き

材料(作りやすい分量)
ぶり…小4切れ
塩…ひとつまみ
かたくり粉…大さじ1〜2
米油…小さじ2
A │ 酒、しょうゆ…各大さじ1
  │ みりん…大さじ3
  │ 砂糖…大さじ1/2
  │ おろししょうが(チューブ)
  │   …少々

マネする
1〜2才はほぐしてごはんにのせると食べやすい!

1 ぶりは塩を振って5分おく。水けをふき、かたくり粉をまぶす。

2 フライパンに米油を熱し、1を並べ、両面を焼いて火を通す。

3 Aをまぜ合わせ、半量を加えて煮からめ、子ども用の1切れをとり出す。大人用は残りのAを加え、しょうゆ少々(分量外)を足し、汁けが少なくなるまで煮る。

冷凍OK

とろみでパサパサ感をカバー
かじきの野菜甘酢あん

材料(作りやすい分量)
めかじき…大2切れ
塩…ひとつまみ
かたくり粉…大さじ1
パプリカ…1/2個
玉ねぎ…1/2個
米油…小さじ2
A │ 水…100ml
  │ 酒…大さじ1
  │ しょうゆ…小さじ1
  │ 砂糖…大さじ1/2
  │ 酢…大さじ1
  │ かたくり粉…大さじ1/2

1 かじきは塩を振って5分おく(1〜2才用は小さく切っても)。水けをふき、かたくり粉をまぶす。パプリカ、玉ねぎは角切り(または薄切り)にする。

2 フライパンに米油を熱し、かじきを並べる。両面を焼いて火を通し、いったんとり出す。

3 パプリカ、玉ねぎをいため、水少々を加えてしんなりしたら2を戻し入れ、まぜ合わせたAを加えて煮からめる。子ども用をとり分け、大人は好みでしょうゆ小さじ1〜2を足して煮る。

冷凍OK

幼児期 131

> 1才（離乳完了）〜5才 幼児期

\ アイデア 6 /
白ごはんお残し対策レシピ

おかずばかりムシャムシャ食べて、白いごはんが残ってしまう…！
そんなお悩みを解決する、ごはんをおいしく味わうアイデアをご紹介。

冷凍OK

しっとり系の甘辛ふりかけで、白ごはんが進む！
鮭にんじんそぼろ

材料（作りやすい分量）
生鮭…2切れ（200g）
にんじん…1/2本（80g）
A｜みりん…大さじ3
　｜しょうゆ…大さじ1/2
　｜水…大さじ1
　｜米油…小さじ1
　｜いり白ごま…大さじ1

ごはんにのせて
おにぎりにまぜて

1. 鮭は耐熱容器に並べ、水大さじ1を振ってラップをかけ、電子レンジで1分30秒〜2分加熱し、皮と骨を除いてほぐす。
2. にんじんはあらみじんに切り、やわらかくゆでる。ゆでおき野菜（p.116）があれば使って！
3. 鍋に1、2とAを入れて火にかけ、5分ほどいため煮にする。

ピーマンもちゃっかり食べさせちゃう
豚ピーそぼろ

材料（作りやすい分量）
豚ひき肉…200g
ピーマン…4個
ごま油…小さじ1
A｜みりん…大さじ3
　｜酒、しょうゆ…各大さじ1

1. ピーマンはみじん切りにする。
2. 鍋にごま油を熱し、1をいため、ひき肉を加えてぽろぽろになるまでいためる。Aを加え、汁けが少なくなるまでいため煮にする。ピーマンを先にいためると苦手な子も食べやすい！

ねばりやとろみで、かみやすさものどごしもアップ
納豆ねばねば丼

材料（大人1人＋子ども1人分）
あたたかいごはん…300g
納豆…1パック
オクラ（刻んだもの・p.117）…2本（20g）
小松菜（刻んだもの・p.117）…1株（50g）
しらす干し…大さじ1
めんつゆ（3倍濃縮）…小さじ1

1. オクラ、小松菜は耐熱容器に入れ、水少々を振り、ラップをかけて電子レンジで2〜3分加熱する。
2. 納豆に1、しらす、めんつゆをまぜ、ごはんにのせる。

コクとうまみと、ワクワク感をトッピング♡
チーズごはん＆栄養満点みそ汁

ラクする
「自分でのせる」が子ども心にヒット

食卓にピザ用チーズとかつお節を出して、あたたかいごはんにトッピングして食べるスタイル。「自分でのせる」というワクワク感と、チーズのうまみでごはんがモリモリ進みます。みそ汁に野菜、肉や豆腐を入れれば、ほかにおかずは必要なし。余裕がない日におすすめです！

\ おにぎりにするとペロッと食べられる！ /

絵本に出てくる
おにぎり

ツナマヨ、鮭、おかかなど、好みの具を入れておにぎりに。のりを小さめにカットして巻くと、絵本に登場するおにぎりのようで、ちょっとテンションが上がるみたい（笑）。

しらす小松菜
おにぎり

材料（子ども1人分）

あたたかいごはん…120g

A ┃ しらす干し…大さじ1
　 ┃ 小松菜（刻んだもの・p.117）…大さじ1
　 ┃ いり白ごま…少々
　 ┃ めんつゆ（3倍濃縮）…少々

1　小松菜は耐熱容器に入れ、水少々を振り、ラップをかけて電子レンジで20秒加熱する。

2　ごはんにAをまぜ、2等分して三角ににぎる。

ブロッコリー
チーズおにぎり

材料（子ども1人分）

あたたかいごはん…120g

A ┃ プロセスチーズ（角切り）…10g
　 ┃ しらす干し…大さじ1
　 ┃ ゆでブロッコリー（穂先）…2房
　 ┃ 焼きのり（ちぎる）…少々

ごはんにAをまぜ、2等分して三角ににぎる。

ベランダや公園で
ピクニックランチも
いいね♡

選べる楽しさでワクワク感を演出
いろいろおにぎりランチ

マネする
お手軽
ピクニック
アイデア

材料（大人1人＋子ども1人分）

あたたかいごはん…300g
野菜のきんぴら（残り物や市販）…適量
好みの具（ツナマヨ、鮭マヨ、ねり梅など）…適量
ミートボール（市販）…6個
オクラ…1袋

A ┃ めんつゆ（3倍濃縮）…大さじ2
　 ┃ 湯（または水）…90ml

かつお節…少々

1　ごはんは半量にきんぴら、半量に好みの具をまぜ、それぞれ2〜3等分して三角ににぎる。

2　オクラはやわらかくゆで、Aに漬け、キッチンペーパーをかぶせて30分ほどおく。器に盛り、かつお節を振る。

3　ミートボールはお湯でさっと洗う。

★ピックを刺す場合は、のどを突かないように注意して。

幼児期　133

1才（離乳完了）
〜5才
幼児期

\ アイデア 7 /
朝ごはんに活躍 パンレシピ

朝食や休日のランチにもぴったりのパンやホットケーキ。
手軽に作れるうえに、子どもたちがご機嫌で食べてくれるのがうれしい♡

ラクする
2回分をまとめて焼いて、冷凍ストック

冷凍OK

食パン×たっぷり具材でキッシュ気分
ブロッコリーとウインナのキッシュ風トースト

材料（大人1人+子ども1人分）

食パン（6枚切り）…2枚　　粒コーン…大さじ2
卵…1個　　　　　　　　　牛乳…大さじ1/2〜1
ミニウインナソーセージ…2本　塩…ひとつまみ
ゆでブロッコリー…3房　　ピザ用チーズ…適量

1　食パンはスプーンで白い部分をつぶして凹ませる。

2　容器にキッチンばさみでウインナ、ブロッコリーの穂先を切り入れ、コーンを入れ、卵を割り入れる。牛乳、塩を加えてほぐしまぜる。

3　アルミホイルに1をのせ、2をあふれないように流し、チーズを散らす。オーブントースターで5分ほど焼く。中が焼けていなかったら、アルミホイルをかぶせてさらに1〜2分焼く。

★1枚で多い場合は、残りは大人が食べて！

豆腐を入れると、しっとりもちもち！
お豆腐の米粉パンケーキ

材料（子ども2回分）

米粉…100g　　　　　絹ごし豆腐…50g
ベーキングパウダー…4g　牛乳…150ml
はちみつ…大さじ1　　米油…少々

1　ボウルに豆腐をくずし入れ、ほかの材料をすべて加えてよくまぜる。

2　フライパンに米油を熱し、1を小さい円形に流し入れ、両面を1〜2分ずつ焼く。

マヨのコクと酸味が絶妙なアクセントに

甘めの卵焼きサンド

材料
（大人1〜2人+子ども1人分）
食パン(8枚切り)…4枚
卵…2個
砂糖…小さじ2
酒…小さじ1
マヨネーズ…適量
米油…少々

1

2

1 ボウルに卵を割り入れ、砂糖、酒、マヨネーズ少々を加えてまぜる。卵焼き器に米油を熱し、卵液を流し入れ、アルミホイルでふたをして半熟状になるまで火を通す。上下を返し、裏面も焼く。

2 食パンにマヨネーズを塗り、1枚に卵焼きを半分に切ってのせ、もう1枚ではさむ。子ども用は食べやすく切る。

とろふわ食感のとりこになります

パンプディング

材料（子ども1人分）
食パン(8枚切り)…1枚
卵…1個
牛乳…50ml
メープルシロップ…適量

★1枚で多い場合は、残りは大人が食べて!

1

2

1 食パンはキッチンばさみで2cm角くらいに切り、耐熱容器に入れる。

2 卵を割りほぐし、牛乳を加えてまぜ、1に流し入れる。ラップをかけ、電子レンジで1分30秒加熱する。好みでオーブントースターで焼き目をつけ、メープルシロップをかける。

やさしいオレンジ色が目にも楽しい

にんじんフレンチトースト

材料
（大人1〜2人+子ども1人分）
食パン(8枚切り)…2枚
卵…1個
にんじんのすりおろし…30g
牛乳…120ml
砂糖…小さじ1
バター…5g

1 食パンは4等分にする（子どもが耳が苦手な場合は、耳を落として4等分に）。

2

バットに卵を割り入れ、にんじん、牛乳、砂糖を加えてまぜ、1の上下を返しながらひたす。

3

フライパンにバターを熱し、2を並べ、バットに残ったにんじんは上にのせ、両面を2〜3分ずつ焼く。

冷凍OK

マネする
にんじん嫌いも気づかずペロリ♡

幼児期　135

1才(離乳完了)〜5才 幼児期

＼ アイデア 8 ／
親子でワイワイ休日ランチ

休みの日に「今日は何しよう？」と困ったら、ランチをプチイベントに。
自分で作って食べれば、おいしさもひとしおです！

ユーモラスなお顔に笑顔がはじける！
ハンバーガーくん

材料(2個分)

バーガー用バンズパン…2個	米油…少々
合いびき肉…150g	レタス(ちぎる)…小2枚
玉ねぎ…1/4個	トマト(薄切り)…2枚
パン粉…大さじ2	トマトケチャップ、マヨネーズ …各適量
牛乳…大さじ1	スライスチーズ、焼きのり …各適量
塩、こしょう…各少々	

1. 玉ねぎはみじん切りにし、耐熱容器に入れてラップをかけ、電子レンジで3分加熱する。パン粉と牛乳を加えてなじませる。
2. ひき肉に塩、こしょう、1をまぜ、2等分してバンズの大きさに合わせて円形にととのえる。フライパンに米油を熱し、肉だねを並べ、両面をフライ返しで焼きつけながらこんがり焼いて火を通す。
3. バンズパンは横半分に切り、下側にレタス、ハンバーグ、ケチャップ、トマト、レタス、マヨネーズの順に重ね、上側をのせる。
4. チーズで白目を作ってマヨネーズで貼り、のりで黒目を作ってのせる。

★子どもには1/2個を目安に食べさせて。

とろとろチーズソースをたっぷりつけて
お好みチーズフォンデュ

材料(作りやすい分量)

〈具〉
食パン…2枚
パンケーキ(p.134)…適量
ウインナソーセージ…8〜10本
ちくわ…2本
ゆでブロッコリー、ミニトマト…各適量

〈チーズソース〉
ピザ用チーズ…200g
かたくり粉…20g
牛乳…200ml
おろしにんにく(チューブ)…1〜2cm

1. ウインナは焼くか、ゆでる。具はすべて食べやすい大きさに切り、器に盛る。
2. チーズソースを作る。ポリ袋にチーズとかたくり粉を入れ、口を閉じて振り、まぜ合わせる。
3. 大きめの耐熱容器に牛乳とにんにくを入れてまぜ、電子レンジで1分30秒〜2分加熱する(沸騰しないくらいでOK)。
4. 3に2を少しずつ加え、まぜてとかし、半量くらい入れたら、再びレンジで30秒〜1分加熱する。残りの2を加え、まぜてとかす。レンジで30秒ずつ追加で加熱しながらまぜ、チーズのかたまりがなくなったら完成。1に添える。

チーズソースは、余ったらハンバーグにかけても最高！

★ミニトマトは子どもには1/2〜1/4に切って。

好みの具材&ソースでアレンジ自在
お好みトッピングピザ

材料（作りやすい分量）

ピザ生地（市販・19cm）…2枚
ピザソース（手作りまたは市販）…適量
ピザ用チーズ…適量

※具はベーコン、ウインナ、トマト、きのこ、ミックスベジタブルなどなんでもOK!
★ピザ生地は1～2才にはかたいので、食パンをまるく型抜きしたピザトーストでいっしょに!

1. 生地にピザソースを塗り、好みの具をトッピングして、チーズを散らす。
2. オーブントースターで、チーズがとけて、焼き色がつくまで焼く。

焼き上がってからおばけの形に切ったスライスチーズをのせれば、ハロウィーンピザに♪

「ピザソース」を手作りするなら

材料

A｜ あらごしトマト…150g
　｜ トマトケチャップ…大さじ2
　｜ 砂糖…大さじ1
　｜ しょうゆ…小さじ2
　｜ おろしにんにく（チューブ）…1～2cm

玉ねぎ（みじん切り）…50g
オリーブ油…小さじ2

小鍋でオリーブ油を熱して玉ねぎをいため、透明になったら、Aを加える。中火でぐつぐつしたら弱火にし、10分煮る。好みで塩で味をととのえる。

マネする
デコしだいでいろいろなイベントに対応できる!

目の前で焼くライブ感が最高! お好み焼きプレート

材料（作りやすい分量）

〈具〉
豚薄切り肉…150g
（または、むきえび、ちくわなど）

〈生地〉
キャベツ…1/4個（250g）　卵…2個
だし…150ml　しょうゆ…小さじ1
おろし長いも…100g　米粉…150g

米油…適量

1. キャベツは短めのせん切りにする。豚肉は2cm幅に切る。
2. ボウルに卵を割りほぐし、だし、しょうゆ、長いもの順に加えてよくまぜ、米粉を加えてなめらかになるまでまぜる。キャベツを加え、まぜ合わせる。
3. ホットプレートに米油を薄く引いて熱し、2をまるく広げる。豚肉をのせ、こんがりと焼けたら返し、弱めの火でゆっくり火を通す。好みでお好み焼きソース、マヨネーズ、かつお節、青のりをかける。

冷凍OK

くるくるひっくり返すのも楽しい～! たこ焼き&ちくわ焼き

材料（作りやすい分量）

〈具〉
たこ…2本　ちくわ…2本
　（またはチーズなど）
紅しょうが、揚げ玉…各適量
刻みねぎ…1パック

〈生地〉
キャベツ…1/8個（200g）
卵…2個
だし…500ml
しょうゆ…小さじ1
米粉…150g

米油…適量

★1～2才はちくわ焼きでOK!
★ピックを刺す場合は、のどを突かないように注意して。

1. たこ、ちくわは小さく切る。キャベツはみじん切りにする。
2. ボウルに卵を割りほぐし、だし、しょうゆの順に加えてよくまぜ、米粉を加えてなめらかになるまでまぜる。キャベツを加え、まぜ合わせる。
3. たこ焼きプレートに米油を薄く引いて熱し、2を流す。たこ、ちくわを入れ、大人は紅しょうが、揚げ玉、刻みねぎを入れる。生地がかたまったら、菜箸で返しながら丸く形作る。器に盛り、好みでお好み焼きソース、青のりをかける。

冷凍OK

1才(離乳完了)〜5才 幼児期

\ アイデア 9 /

安心&栄養もプラス 手作りおやつ

幼児期のおやつには、3食でとりきれない栄養を補う役割も。
体も心も喜ぶ、やさしくて手軽なおやつレシピです。

ビールにそっくり、実はりんごゼリーです
お子さまビール

材料（小4個分）
りんごジュース（果汁100%）
　…300ml
粉ゼラチン…1袋（5g）

1. 耐熱ボウルにジュース30mlを入れ、ゼラチンを振り入れる。電子レンジで30秒加熱し、よくまぜてとかす。残りのジュースと合わせてまぜる。
2. 器4つに均等に注ぎ入れ（6分目くらいまで）、80mlくらい残す。残りは泡立て器でシュワシュワに泡立て、器に追加で注ぐ。あら熱がとれたら冷蔵室に入れ、冷やしかためる。

冷凍OK

おかずの1品としても活用してます!
チーズいももち

材料（12個分）
じゃがいも…中3個
A│かたくり粉…大さじ3
　│塩…ふたつまみ
　│牛乳…大さじ5
スライスチーズ…4枚
バター…大さじ1
B│砂糖、みりん、
　│しょうゆ、水…各大さじ1
★子ども1回1〜2個を目安に。

1. じゃがいもは皮をむいて一口大に切り、やわらかくゆでるか、電子レンジで加熱する。マッシャーでつぶし、Aを加えてまぜる。
2. チーズは三つ折りにし、3等分する（4枚で12個）。1を12等分し、チーズを包んで円形にととのえる。
3. フライパンにバターを熱し、2を並べ、両面をこんがりと焼く。1〜2才用はここでとり分け、残りはBを加えて煮からめる。
★1〜2才用には、たれを少しつけてあげても。

安心&手軽な栄養補給といえば!
おいもヨーグルト

材料（1人分）
プレーンヨーグルト…80〜100g
さつまいもスティック（冷凍）…4本

器にヨーグルトを入れ、角切りにしたさつまいもスティックをのせる。

マネする

ヨーグルト+トッピングで
簡単おやつ

ヨーグルトに、コーンフレークやオートミール、バナナ、きな粉、ココアパウダーなどをまぜ、好みではちみつやメープルシロップ、ジャムで甘みを足せば、おいしいおやつに。

カリふわ、もっちり♪
お豆腐ドーナツ

材料（13個分）
絹ごし豆腐…150g
米粉…150g
砂糖…40g
卵…1個
ベーキングパウダー
　　…小さじ2（8g）
米油…適量
★子ども1回1〜2個を目安に。

1. ボウルに豆腐を入れ、なめらかになるまでまぜる。米粉、砂糖、卵を加えてまぜ、10分ほどおく。
2. 1にベーキングパウダーを加え、軽くまぜる。
3. 小鍋に米油を160〜170度に熱し、少し油を塗った手で2を「たこ焼き大」に丸めて入れ、きつね色になるまで揚げる。

マネする
米油で揚げると、生地が油を吸いにくい（気がします）！

マネする
ピックでおめかし♡食べるときははずして

冷凍OK

豆腐をいれて、やわらか食感に
お豆腐白玉

材料（作りやすい分量）
白玉粉…100g
絹ごし豆腐…120g
A ｜ きな粉…小さじ2
　　｜ きび砂糖…小さじ1
　　｜ 塩…少々
★子ども1回1/4〜1/3量を目安に。

1. ボウルに白玉粉、豆腐を入れてまぜ、耳たぶくらいのやわらかさにする。
2. 鍋に湯を沸かし、1を1〜2cm大に丸め、中央をつぶして入れる。浮いてきたら、冷水にとる。
3. 2の水けをきって器に盛り、まぜ合わせたAを振る。黒みつやメープルシロップをかけても。

★1〜2才はのどに詰まらせないよう、さらに小さく切っても。よくかんで食べるように見守ってください。

すいかをまるごと器に！夏らしさ満点のおやつ
フルーツ白玉ポンチ

材料（作りやすい分量）
小玉すいか…1個
バナナ、キウイ、
　みかん（缶詰）などの果物
　　…適量
お豆腐白玉（上記参照）
　　…全量
A ｜ 水…200ml
　　｜ はちみつ…大さじ1
　　｜ レモン汁…小さじ1
★子ども1回小鉢1杯を目安に。

1. すいかは上1/3をカットし、中をくりぬく。果肉は食べやすく切り、好みで型抜きする。ほかの果物は食べやすく切る。
2. くりぬいたすいかに果物、白玉を入れ、Aをまぜたシロップをかける。

★大人はサイダーで割るとおいしい！

幼児期　139

1才（離乳完了）〜5才 幼児期

アイデア 10
季節を味わうイベントごはん

ふだんのレシピにちょっとひと手間加えて、かわいくデコレーション♡
伝統や文化を伝え、季節の移り変わりを感じられる行事食です。

節分
ケチャップライスを赤鬼くんに
鬼オムライスプレート

ひな祭り
春を感じる華やか御膳
ひしもち風ちらしずし献立

ラクする
子どもに自分で飾りつけをお願いしても！

NEW いくら

鬼オムライス
材料（子ども1人分）

あたたかいごはん…100g
A｜ オニオンMIX（p.99）…大さじ2
　｜ トマトケチャップ…小さじ2
　｜ とき卵…1/2個分
B｜ 牛乳、マヨネーズ…各小さじ1/2
　｜ スライスチーズ（ちぎる）…1枚
米油…少々
ゆでたにんじん、焼きのり、
　スライスチーズ…各適量

1. 耐熱容器にAと水をひたひたに入れ、ラップをかけて電子レンジで3〜4分加熱する。ごはんを加えてまぜ、ラップで楕円形（鬼の顔）ににぎり、器に盛る。
2. フライパンに米油を熱し、Bをまぜ合わせて入れ、ふんわりといためる（ごはんにのるよう、ポロポロにしない！）。1にのせて髪の毛にし、にんじんを角にしてのせ、のりで目と口、チーズで牙を作ってのせる。

豆と升
厚揚げ（正方形）は、内側を四角くくりぬいて升にする。「油揚げと大豆と切り干し大根の煮物」（p.127）を作るときに、油揚げ1枚のかわりに厚揚げ適量を入れて煮る。中に大豆を入れる。

こん棒
スパゲッティはオーブントースターで1〜2分、カリッと焼く。短く折ってゆでたミニウインナに刺し、木製スティックを差し込む。

太鼓
スライスチーズに焼きのりを貼る。

ゆでブロッコリー
星のポテト

ひしもち風ちらしずし
材料（作りやすい分量）

米…2合
すし酢…大さじ2
いり白ごま…大さじ1
焼き鮭…1切れ
青のり…小さじ1/2
ゆでえび…8尾
いくら…好みで適量
A｜ 卵…1個
　｜ みりん…小さじ1
　｜ 塩…少々
B｜ にんじん（花形）、菜の花、
　｜ スナップえんどう、枝豆
　｜ …各適量

※いくらは3才以降に。少量から試し、その後の体調の変化に気をつけてください。

1. 炊飯釜に、洗ってざるに上げた米、すしめしの2合の目盛りまで水を入れ、普通に炊く。すし酢、ごまを加えてまぜ、あら熱をとる。
2. 鮭は骨と皮を除いてほぐす。1の茶わん1杯分に鮭大さじ1〜2をまぜ、もう1杯分に青のりをまぜる。
3. Aをまぜて薄焼き卵を作り、数枚を花形に抜き、残りは錦糸卵にする。
4. Bはそれぞれゆで、枝豆は薄皮をむく。枝豆は3〜4才までは刻んであげて。
5. 牛乳パックは側面を5〜6cm幅でカットし、ひし形にする。青のりごはん、白ごはん、鮭ごはんの順に重ねて入れ、錦糸卵をのせ、えび、いくら、4を飾る。牛乳パックの1カ所を切ってはずす。

★残りのすしめしは丸くにぎり、お雛さまを作ってあげても。

はまぐりのお吸い物
さつまいもの塩バター焼き

いちご
ひなあられ

端午の節句
折り紙感覚で春巻きを折る！
こどもの日プレート

こいのぼりオムライス

材料（子ども1人分）

炊飯器ケチャップライス（p.124）…適量
A｜卵…1個
　｜牛乳、マヨネーズ…各小さじ1
　｜オリーブ油…少々
トマトケチャップ、焼きのり、スライスチーズ
　…各適量
米油…少々

1. Aをまぜ、フライパンに米油を熱して薄焼き卵を作る。
2. 1にケチャップライスを茶わん1杯分のせ、細長く平らに包む。左端はまっすぐ切り落とし、右端は三角に切って尾びれにする。
3. ケチャップで口、うろこを描き、チーズで白目、のりで黒目を作ってのせる。

かぶと春巻き

春巻きの皮をかぶとの形に折り、中にいためた具を入れ、揚げ油でこんがりと揚げる。スライスチーズを三角に切って入れるのも簡単！

シーフード焼きそば

3～4才まではえびだけにする

マカロニサラダ
トマトとチーズのカプレーゼ
お子さまビール（p.138）

七夕
オクラの断面をお星様に見立てて
七夕そうめん

材料（大人1人＋子ども1人分）

そうめん（乾めん）…3束（150g）
ゆでにんじん（型抜き）…適量
オクラ（刻んだもの・p.117）
　…大さじ3
A｜卵…1個
　｜みりん…小さじ1
　｜塩…少々
B｜めんつゆ（3倍濃縮）…小さじ1
　｜水…大さじ2

1. オクラは耐熱容器に入れ、水少々を振り、電子レンジで30秒加熱する。
2. Aをまぜて薄焼き卵を作り、星形に抜く。
3. そうめんは袋の表示どおりにゆで、冷水で冷やし、水けをきる。器に盛り、1、2、にんじんをのせる。子ども用にとり分け、まぜ合わせたBをかける。

★大人用は、めんつゆを足してOK。
★星のポテトを添えても！

お祝い
特製お子さまランチに歓声！
お祝いの日プレート

えびピラフ

材料（作りやすい分量）

米…2合
ミックスベジタブル…100g
むきえび…150g
A｜顆粒コンソメ…小さじ1
　｜塩…小さじ1/2
　｜バター…10g

炊飯釜に、洗ってざるに上げた米、Aを入れ、2合の目盛りまで水を注いでまぜる。ミックスベジタブル、えびをのせ、普通に炊く。

ミニハンバーグ
チーズいももち（p.138）
ゆでブロッコリー

えびフライ風ポテトコロッケ

材料（親子分・作りやすい分量）

じゃがいも…大1個
塩…少々
にんじん…1/2本
パン粉…適量

1. じゃがいもは皮をむいて一口大に切り、やわらかくゆでるか、電子レンジで加熱する。p.138のチーズいももちを作るとき、一部をとり分けても。マッシャーでつぶし、塩をまぜ、牛乳や湯少々（分量外）でかたさを調整し、4等分してえびのように細長くにぎる。
2. にんじんは皮をむいて縦5mm幅に切り、やわらかくゆでる。上の写真のように切ってえびの尾を作り、1に埋め込む。
3. パン粉はこまかくほぐし、フライパンでカリッと乾いりし、2にまぶす。

幼児期　141

> ハロウィーン

ほっくりかぼちゃが自然なとろみに
ハロウィーンシチュープレート

パンプキンシチュー

材料（作りやすい分量）

鶏もも肉…1枚
かぼちゃ…1/8個（250g）
玉ねぎ…1/2個
にんじん…1/2本
ゆでブロッコリー…7～8房
塩、こしょう…各適量
オリーブ油…大さじ1

A 水…400ml
　顆粒コンソメ…小さじ1
B 米粉…大さじ3
　牛乳…200ml

1. かぼちゃ、玉ねぎ、にんじんは一口大に切る。鶏肉は一口大に切り、塩、こしょうを振る。Bはよくまぜておく。
2. 鍋にオリーブ油を熱し、鶏肉をいためる。火が通ってきたら、玉ねぎ、にんじんを加えていため、かぼちゃとAを加え、10～15分煮る。
3. Bを加え、まぜながらとろみがつくまで煮る。ブロッコリーを加え、塩、こしょうで味をととのえる。

★かぼちゃが煮崩れてオレンジにならなかったら、鍋の中でつぶしてまぜて！

キャロットライス

材料（作りやすい分量）

米…2合
にんじん（すりおろし）…1/2本（80g）
塩…少々
バター…10g
焼きのり…適量

炊飯釜に、洗ってざるに上げた米と、2合の目盛りまで水を入れる。塩を加えてまぜ、にんじん、バターをのせて普通に炊く。子ども用はかぼちゃの形にして盛り、のりで目、鼻、口を作ってのせる。

きゅうりとひじきのツナあえ
ミニトマト
星のポテト
牛乳寒天＋ブルーベリージャム
りんご

> ハロウィーン

インパクト絶大な見た目も自慢！
ハロウィーングラタンプレート

かぼちゃのマカロニグラタン

材料（作りやすい分量）

坊ちゃんかぼちゃ…1個
早ゆでマカロニ…100g
鶏ひき肉…100g
玉ねぎ（角切り）…1/3個
バター…30g
米粉…30g
牛乳…400ml
みそ…小さじ1
塩、こしょう…各適量
ピザ用チーズ…適量

1. かぼちゃはまるごとよく洗い、ぬらしたキッチンペーパーとラップで包んで耐熱皿にのせ、電子レンジで3～4分加熱する。あら熱がとれたら上部を切り、スプーンで種とわたを除き、果肉をすくう。
2. フライパンに湯を沸かし、マカロニを袋の表示どおりにゆで、ざるに上げる。
3. 同じフライパンにバターを熱し、ひき肉、玉ねぎをいため、色が変わったら米粉を振り入れ、粉っぽさがなくなるまでいためる。牛乳を少しずつ加えてまぜ、みそをとき入れる。かぼちゃ、2を加えてまぜ、塩、こしょうで味をととのえる。
4. 1のかぼちゃの容器や耐熱容器に3を入れ、チーズを散らし、オーブントースターで焼き色がつくまで焼く。好みでドライパセリを振る。

★かぼちゃの果肉は、一部をごはんにまぜるとかぼちゃライスに！
★ホワイトソース（p.118）があれば、具を全部いためたあと、まぜるだけでOK！

かぼちゃライス　かぼちゃの型で抜く
かぼちゃサラダ（p.127）
ゆでブロッコリー
粒コーン
ゆでにんじん　かぼちゃの型で抜く
おばけチーズ
シュウマイ　皮をミイラ風に巻いたもの

クリスマス
かに風味かまぼこでサンタコス！
クリスマスプレート

クリスマス
三角に折ってお顔をデコ
サンタ＆トナカイクレープ

クリスマス
赤×緑の配色がポイント
リースパンケーキ

クリスマスカナッペ

材料（作りやすい分量）
クラッカー…10〜15枚
〈ポテトサラダ〉
じゃがいも…1個
A
- ゆでブロッコリー（穂先）…2房分
- パプリカ（みじん切り）…少々
- マヨネーズ…小さじ2
- 塩、こしょう…各少々

〈ツナマヨチーズクリーム〉
クリームチーズ（ポーション）…2個
B
- ツナ（食塩・油不使用）…大さじ1
- マヨネーズ…小さじ1
- おろしにんにく（チューブ）…少々

ミニトマト（輪切り）、ブロッコリー（穂先）

1. じゃがいもは皮をむいて一口大に切り、やわらかくゆでるか、電子レンジで加熱する。マッシャーでつぶし、Aを加えてまぜる。クラッカーにツリーの形にしてのせる。

2. チーズにBを加えてまぜる。クラッカーにミニトマト、ブロッコリーといっしょにのせる。

サンタ＆トナカイおにぎり

材料（子ども1人分）
あたたかいごはん…100g
めんつゆ（3倍濃縮）…小さじ1/2
かに風味かまぼこ…1本
はんぺん、焼きのり、スライスチーズ、
　スパゲッティ…各適量

1. ごはんにめんつゆをまぜ、2等分してサンタ、トナカイの顔をにぎる。

2. スパゲッティはオーブントースターで1〜2分、カリッと焼く。

3. サンタはかにかまの赤と白の部分で帽子を作り、はんぺんでひげ、帽子のポンポンを作ってのせ、チーズで鼻、のりで目をつける。トナカイは2を短く折って角にし、チーズで耳、かにかまの赤い部分で鼻、目ののりをつける。マヨネーズをのりがわりにしても！

ナポリタン

材料（作りやすい分量）
米粉…100g
砂糖…大さじ1/2
牛乳…250ml
卵…2個
ココアパウダー…小さじ1〜2
米油…適量
〈デコレーション〉
生クリーム…100ml
砂糖…大さじ1
プリッツ®、いちごジャム、
　チョコペン…各適量

1. ボウルに米粉、砂糖を入れて泡立て器でまぜる。牛乳を少しずつ加えながらまぜ、といた卵を加えてまぜる。

2. フライパンに米油を入れ、キッチンペーパーで塗り広げる。弱めの中火で熱し、1をお玉1杯分流し入れ、直径15cmくらいに広げる。生地が乾いてきたら返し、裏面をさっと焼いてとり出す。

3. 生地の半量を焼いたら、残りにココアを加えてまぜる。スプーンで細くたらしてトナカイの角を焼き、残りは同様にまるく焼く。

4. 生クリームに砂糖を加え、しっかり泡立てる。クレープを広げて生クリームを塗り（好みでバナナなどをのせても）、半分に折り、1/3ずつ折って重ねて三角形にする。器に盛り、クリーム、プリッツ®、いちごジャム、チョコペンでサンタとトナカイの顔を作る。

材料（作りやすい分量）
A
- 米粉…100g
- 砂糖…大さじ1
- ベーキングパウダー…4g

牛乳…100〜150ml
卵…1個
米油…小さじ1
ほうれんそうパウダー…2〜3g
〈トッピング〉
いちご（スライス）、バナナ（花形）、
　ラズベリー、ブルーベリー…各適量
星のポテト…1個
水きりヨーグルト、いちごジャム、
　チョコペン、フライドれんこん…各適量

1. ボウルにAを入れてよくまぜ、牛乳、といた卵、米油を加えてまぜる。

2. フライパン（樹脂加工のもの）を熱し、1をトナカイ、サンタの顔の形に流して両面を焼く。残りの生地にほうれんそうパウダーを加えてまぜ、小さい円形に流し、両面を1〜2分ずつ焼く。

3. トナカイとサンタは、フライドれんこんで角、ジャムとチョコペン、ヨーグルトで帽子と顔を描く。

4. 丸皿にパンケーキをリース風に並べ、3をのせ、トッピングを飾る。

★中央はシチュー（p.80）です！

幼児期

料理・レシピ・イラスト

izumi （離乳食・幼児食コーディネーター）

3人の子どもを育てながら、正社員として働くワーママ。1人目のときに、食べ物記録としてInstagramで離乳食、幼児食の発信をはじめ、2人目、3人目と続けて今に至る。子どもが食べる姿を見ているのがとにかく大好きで、「よろこぶ顔が見たい、栄養満点ごはんが作りたい！」その思いで、いろいろな工夫をしたり、栄養の勉強をはじめた。かわいい食器や便利なグッズ集め、盛りつけの工夫など、自らも楽しんでいる。

栄養監修

鶴田麻里子 （管理栄養士）

小学生に栄養に関する出前授業を行ったり、乳幼児・小学生の親向けに発育に必要な栄養素と食事のとり方を伝えている。また、食事アプリの作成支援や、パーソナルトレーニングジムの栄養顧問も務める。自身も子育て中ママで「初めて手作りした離乳食の10倍がゆを、息子がニコニコ食べてくれた喜びが、忘れられない思い出」。

アレルギー監修（p.18-19）

伊藤浩明
（あいち小児保健医療総合センター センター長
免疫・アレルギーセンター長）

デザイン

柴田ユウスケ、吉本穂花（soda design）

撮影

izumi
佐山裕子、松木潤（主婦の友社）

校正

田杭雅子

構成・文

水口麻子、浦上藍子

編集担当

山口香織（主婦の友社）

マネしてラクする
365日フリージング離乳食＆幼児食

令和7年2月28日　第1刷発行

令和7年8月20日　第4刷発行

著者　　izumi

発行者　大宮敏靖

発行所　株式会社主婦の友社
　　　　〒141-0021　東京都品川区上大崎3-1-1 目黒セントラルスクエア
　　　　電話　03-5280-7537（内容・不良品等のお問い合わせ）
　　　　　　　049-259-1236（販売）

印刷所　株式会社広済堂ネクスト

©izumi 2025　Printed in Japan　ISBN978-4-07-460687-0

■本のご注文は、お近くの書店または主婦の友社コールセンター（電話0120-916-892）まで。
＊お問い合わせ受付時間　月〜金（祝日を除く）　10:00〜16:00
＊個人のお客さまからのよくある質問のご案内　https://shufunotomo.co.jp/faq/

®〈日本複製権センター委託出版物〉
本書を無断で複写複製（電子化を含む）することは、著作権法上の例外を除き、禁じられています。本書をコピーされる場合は、事前に公益社団法人日本複製権センター（JRRC）の許諾を受けてください。また本書を代行業者等の第三者に依頼してスキャンやデジタル化することは、たとえ個人や家庭内での利用であっても一切認められておりません。
JRRC〈https://jrrc.or.jp　eメール：jrrc_info@jrrc.or.jp　電話:03-6809-1281〉